A DIMENSÃO
SOCIOESTRUTURAL
DO REINADO DE DEUS

Coleção Iniciação Teológica

- *A esperança não engana: reflexões sobre o inferno*
  Carlos Bazarra
- *Bioética e pastoral da saúde*
  Francisco J. Alarcos
- *Ética teológica fundamental*
  Pe. João Aloysio Konzen
- *Falar de Deus: considerações sobre os fundamentos
  da reflexão cristã*
  Francisco Catão
- *"Não extingais o Espírito" (1Ts 5,19): introdução à
  Pneumatologia*
  Victor Codina
- *O encontro com Jesus Cristo vivo*
  Alfonso Garcia Rubio

Francisco de Aquino Júnior

A DIMENSÃO SOCIOESTRUTURAL DO REINADO DE DEUS

Escritos de teologia social

Dados Internacionais de Catalogação na Publicação (CIP)
(Câmara Brasileira do Livro, SP, Brasil)

Aquino Júnior, Francisco de
A dimensão socioestrutural do Reinado de Deus : escritos de
teologia social / Francisco de Aquino Júnior. – São Paulo : Paulinas,
2011. – (Coleção iniciação teológica)

Bibliografia
ISBN 978-85-356-2722-0

1. Fé   2. Igreja e problemas sociais   3. Sociologia cristã
4. Teologia e política   5. Vida cristã   I. Título.   II. Série.

10-10395   CDD-261

Índice para catálogo sistemático:
1. Teologia social   261

Direção-geral:	*Flávia Reginatto*
Editores responsáveis:	*Vera Ivanise Bombonatto*
	Afonso M. L. Soares
Copidesque:	*Cirano Dias Pelin*
Coordenação de revisão:	*Marina Mendonça*
Revisão:	*Ruth Mitzuie Kluska*
Direção de arte:	*Irma Cipriani*
Assistente de arte:	*Sandra Braga*
Gerente de produção:	*Felício Calegaro Neto*
Capa e diagramação:	*Wilson Teodoro Garcia*

*Nenhuma parte desta obra poderá ser reproduzida
ou transmitida por qualquer forma e/ou quaisquer meios
(eletrônico ou mecânico, incluindo fotocópia e gravação)
ou arquivada em qualquer sistema ou banco de dados
sem permissão escrita da Editora. Direitos reservados.*

Paulinas

Rua Dona Inácia Uchoa, 62
04110-020 – São Paulo – SP (Brasil)
Tel.: (11) 2125-3500
http://www.paulinas.org.br – editora@paulinas.com.br
Telemarketing: 0800-7010081
© Pia Sociedade Filhas de São Paulo – São Paulo, 2011

"A fé cristã e a ação da Igreja sempre tiveram repercussão sociopolíticas. Por ação ou por omissão, pela conivência com um grupo social ou com outro, os cristãos sempre influenciaram na configuração sociopolítica do mundo em que vivem."

"Quando a Igreja se insere no mundo sociopolítico para cooperar no surgimento de vida para os pobres, não está se distanciando de sua missão nem fazendo algo subsidiário ou supletivo, mas está dando testemunho de sua fé em Deus, está sendo instrumento do Espírito, Senhor e doador de vida."

"Como Igreja, não somos expertos em política nem queremos manejar a política a partir de seus mecanismos próprios. Mas a inserção no mundo sociopolítico, no mundo em que se joga a vida e a morte das maiorias, é necessária e urgente para que possamos manter de verdade e não só de palavra a fé no Deus da vida e o seguimento de Jesus."

"A justiça é nossa força; a verdade é o que faz grande a pequenez de nossos meios."

DOM OSCAR ROMERO

Para

Dom José Haring,
bispo de Limoeiro do Norte e das
Pastorais Sociais do Ceará,
e
Pastora,
diaconisa da Diocese de Limoeiro do Norte-CE.

INTRODUÇÃO

Trinta anos se passaram do martírio de *São Romero da América, pastor e mártir nosso*: 24 de março de 1980. Muitas pessoas, comunidades, organizações e instituições em El Salvador, em toda a América Latina e no mundo inteiro celebram sua fidelidade e entrega radicais ao Deus de Jesus na fidelidade e entrega radicais aos pobres de El Salvador – "a imagem do Divino traspassado",[1] "o povo crucificado, como Jesus, o povo perseguido como o servo de Javé".[2]

Mas nem todas as pessoas o celebram do mesmo modo nem com o mesmo interesse. Por tal razão, é de fundamental importância explicitar *o que* se celebra e quais são os *reais interesses* que estão por trás dessa celebração: trata-se de celebrar um passado que passou (cadáver/defunto), por mais glorioso que tenha sido, ou um passado que continua vivo e atuante no presente (ressuscitado)? Trata-se de sepultá-lo definitivamente no passado, com as pompas e solenidades das grandes cerimônias, ou de historicizá-lo profeticamente em nossa situação atual através de nossa vida/práxis?

Em 1988, Ignacio Ellacuría escrevia, a propósito da memória de Oscar Romero:

---

[1] ROMERO, Mons. Oscar Arnulfo. *Su pensamiento I-II*. San Salvador: Critério, 2000. p. 98.

[2] Id. La dimensión política de la fe desde la opción por los pobres. In: SOBRINO, Jon; MARTÍN-BARÓ, Ignacio; CARDENAL, Rodolfo. *La voz de los sin voz;* la palabra viva de monseñor Romero. San Salvador: UCA, 2007. p. 181-193 – aqui, p. 188.

Há uma memória que é mera recordação do passado; é uma memória morta, uma memória arquivada, uma memória do que já não está vivo. Há outra memória que faz o passado presente, não como mera recordação, mas como presença viva, como algo que, sem ser mais presente, tampouco é totalmente ausente, porque, definitivamente, é parte da própria vida; não da vida que foi e passou, mas da vida que continua sendo. Com Dom Romero e sua memória a pergunta fundamental é de que memória se trata: uma memória morta ou uma memória viva, a presença de um cadáver ao qual se venera ou a presença de um ressuscitado que interpela e revigora, alenta e dirige [..]. Ninguém esquece Dom Romero, mas nem todos o recordam como ressuscitado e presente.[3]

E muitos o querem definitivamente sepultado, ainda que nos livros e/ou nos altares...

Sem dúvida, é bom e mesmo necessário falar de Romero – sua conversão, seu serviço aos pobres, seu ministério pastoral, sua firmeza e fidelidade proféticas, sua perseguição, seu sofrimento, seu martírio etc. –, recordar e reproduzir suas homilias dominicais, estampar sua imagem em camisetas e quadros e nas igrejas, cantá-lo nas celebrações etc. Mas o que importa mesmo é atualizar sua missão profética em nossa vida e ação pastoral. Não basta reler suas homilias e cartas pastorais, é necessário reler os sinais dos nossos tempos com o mesmo espírito evangélico com que Romero interpretava sua realidade e reagia ante essa mesma realidade, denunciando com clareza e radicalidade as atuais violações dos direitos humanos e favorecendo com todos os meios disponíveis as lutas concretas atuais pela transformação da realidade no dinamismo do Reinado do Deus de Jesus de Nazaré.

---

[3] ELLACURÍA, Ignacio. Memoria de monseñor Romero. In: *Escritos teológicos III*. San Salvador: UCA, 2002. p. 115.

Este é o modo autenticamente cristão de celebração/ memória do martírio de Romero: atualização em nossa vida e ação pastoral de sua entrega a Deus na entrega aos pobres e oprimidos deste mundo. E é deste modo que a esperança, o desejo e a promessa proféticos de Romero se fazem realidade: "se me matam, ressuscitarei no povo salvadorenho"; "um bispo morrerá, mas a Igreja de Deus, que é o povo, não perecerá jamais".[4] É na denúncia cotidiana do pecado que escraviza e mata e na luta constante pela instauração do Reinado de Deus neste mundo que Jesus, o Senhor, e Romero, seu discípulo fiel, se fazem presentes entre nós. Celebrar Romero é, portanto, unir-nos a ele, fazendo nossa a luta contra os poderes do mal e pela realização do Reinado de Deus, cujo critério e cuja medida são sempre as necessidades da humanidade sofredora: "[...] são os pobres os que nos dizem o que é o mundo e qual é o serviço eclesial ao mundo; são os pobres os que nos dizem o que é a 'polis', a cidade, e o que significa para a Igreja viver realmente neste mundo".[5]

É nesse sentido que este "livro" ou esta coletânea de artigos se insere no contexto mais amplo da celebração dos trinta anos do martírio de Oscar Romero. Não é um livro sobre Romero. Com exceção de um artigo que trata da violência e da paz em El Salvador, praticamente não se fala dele. Mas é um livro profundamente imbuído de seu espírito, na medida em que se confronta com aspectos ou problemas estruturais de nosso tempo (sociedade, política, globalização, violência e paz, meio ambiente, população de rua) a partir e na perspectiva do Reinado de Deus, que tem

---

[4] ROMERO, Mons. Oscar Arnulfo. Entrevista. Apud SOBRINO, Jon; MARTÍN-BARÓ, Ignacio; CARDENAL, Rodolfo. *La voz de los sin voz;* la palabra viva de monseñor Romero, p. 461.

[5] Id., La dimensión politica de la fe desde la opción por los pobres, p. 185.

no "povo crucificado" seu critério e sua medida permanentes. Sua intenção não é, portanto, falar de Romero, por mais importante e necessário que seja, mas levar adiante sua missão salvífico-libertadora em nosso tempo.

O livro recolhe uma série de artigos publicados nos últimos anos em diferentes revistas teológicas no Brasil. Embora se trate de artigos escritos e publicados independentemente uns dos outros, eles têm em comum o fato de se confrontarem com a dimensão socioestrutural da vida humana a partir e na perspectiva do Reinado de Deus ou com a dimensão socioestrutural do Reinado de Deus. E é neste sentido preciso que se fala aqui de *teologia social*: abordagem da dimensão socioestrutural do Reinado de Deus. Não se trata, simplesmente, de explicitar implicações socioestruturais da fé, como se o social/estrutural não fosse constitutivo da fé, mas apenas consecutivo a ela. Tampouco se trata de mera aplicação de princípios da fé às realidades socioestruturais, como se a fé se reduzisse a princípios abstratos e como se esses princípios não tivessem uma dimensão socioestrutural constitutiva. Menos ainda se trata de discussões ético-morais, às quais se acrescentam algumas citações bíblicas e/ou do Magistério episcopal, mas que em si mesmas não pertencem ao núcleo da fé. Nem sequer se trata do que normalmente se entende por doutrina social da Igreja, enquanto aplicação de determinados princípios teológicos gerais às realidades socioestruturais, consideradas como realidades profanas, não teologais ou pré-teológicas. Trata-se, mais radicalmente, de uma dimensão constitutiva da revelação e da fé cristãs, enquanto práxis salvífica, isto é, enquanto realização do Reinado de Deus neste mundo. Ela pertence ao núcleo mesmo da revelação e da fé cristãs e, por tal razão, sua abordagem não pode ser tomada como teologia de segunda ordem ou secundária subordinada a uma pretensa teologia de primeira ordem ou fundamental que se ocuparia de temas mais diretamente teológicos.

A ordenação dos artigos, com exceção do primeiro e do último, obedece a um critério meramente cronológico: ordem de produção e publicação. O primeiro artigo, último produzido, aborda diretamente a dimensão social da fé e, assim, delimita o âmbito de realidade em que se insere a coletânea de artigos aqui publicada: dimensão socioestrutural da vida humana e do Reinado de Deus. O último artigo, primeiro produzido, confronta-se com a situação-limite da rua e dos lixões e suas potencialidades libertadoras e, assim, explicita de modo radical a necessidade e as possibilidades reais de transformação da sociedade segundo o dinamismo do Reinado de Deus. Os demais artigos abordam diferentes aspectos da dimensão socioestrutural da vida humana a partir e na perspectiva do Reinado de Deus: sociedade, política, globalização, meio ambiente, violência e paz.

Eles constituem um esforço de *elaboração teórico-teológica* da práxis teologal (seguimento de Jesus – realização do Reinado de Deus) de milhares de pessoas, cristãs ou não, no Brasil, na América Latina e pelo mundo afora, e querem ser uma *colaboração* ou um *serviço* muito modesto a essa mesma práxis: animar os cristãos e suas comunidades a se empenharem na transformação das estruturas da sociedade, assumindo com lucidez a dimensão socioestrutural do Reinado de Deus revelado na práxis de Jesus de Nazaré, o Cristo, e *re*-atualizado na práxis de nosso querido profeta *São Romero da América, pastor e mártir nosso!*

Capítulo I

A DIMENSÃO SOCIAL DA FÉ[1]

Que a vida humana e que a fé cristã tenham uma dimensão social é algo que se aceita sem maiores dificuldades. Não há como negar a constituição e as implicações sociais da vida e da fé. É algo tão evidente que se impõe por si mesmo. O problema reside em saber em que consiste, propriamente, essa dimensão social, como vai se configurando e determinando (para o bem ou para o mal) nossa vida e nossa fé e, no que diz respeito à ação pastoral da Igreja, qual a natureza e a especificidade do que, na Igreja do Brasil e da América Latina em geral, chamamos Pastoral Social. É o que tentaremos, de modo muito resumido e até simplificado, explicitar a seguir: a dimensão social da vida humana (1); a dimensão social da fé cristã (2); a Pastoral Social (3).

A dimensão social da vida humana[2]

A vida humana é uma realidade intrinsecamente social. Só existe socialmente. Não existe vida humana a--social, no sentido de que não seja social ou no sentido

---

[1] Este texto foi preparado para um encontro de formação das Pastorais Sociais da Diocese de Limoeiro do Norte-CE em setembro de 2009.

[2] Cf. ZUBIRI, Xavier. *Tres dimensiones del ser humano;* individual, social, histórica. Madrid: Alianza Editorial, 2006. p. 37-69. ELLACURÍA, Ignacio. *Filosofía de la realidad histórica.* San Salvador: UCA, 1999. p. 177-314. GONZÁLEZ, Antonio. *Introducción a la práctica de la filosofía;* texto de iniciación. San Salvador: UCA, 2005. p. 237-291.

de que, embora sendo assim de fato, não tenha de ser necessariamente assim. O ser humano não é uma realidade meramente individual que, por uma ou por outra razão, acaba se relacionando com os outros; não é primeiro individual e só depois social. O social é *constitutivo* da vida humana: é uma de suas dimensões, notas ou características essenciais. De modo que, vale repetir, só existe socialmente, vinculado aos demais.

Este vínculo ou nexo social da vida humana se dá e se manifesta em dois níveis ou modos fundamentais. Trata-se, antes de tudo, de um *vínculo ou nexo biológico*. Todos os homens e mulheres, na medida em que nascem uns dos outros, estão geneticamente vinculados; pertencem à mesma espécie, ao mesmo *phylum* (filo). Por sua própria estrutura biológica (código genético), os humanos se constituem em respectividade uns com os outros, estão vertidos uns aos outros. Antes de serem indivíduos, são membros do tronco ou *phylum* humano; sua própria individualidade se inscreve e se constitui nessa pertença à espécie. "A raiz última da versão de um homem a outro, dos homens entre si, é uma razão genética" (Xavier Zubiri). Mas isso não é tudo. Por essa versão de caráter genético, os humanos (recém-nascidos e demais homens/mulheres) se encontram em uma situação comum, compartem um mesmo mundo humano, *con*-vivem uns com os outros. E aí, precisamente, nesta "*co*-situação", neste "mundo humano" compartido, nesta "*con*-vivência", vai-se dando o *processo de co-humanização* dos indivíduos: modo de *con*-viver e organizar a vida. Trata-se de um processo intrinsecamente social, no qual os outros já estão metidos na vida da criança (nutrição e amparo) antes mesmo que ela possa suspeitar que haja outras pessoas no mundo e continuam metidos ao longo da vida, muito mais do que se pensa. O vínculo ou nexo social se configura, aqui, como "constituição do mundo humano", como processo de "co-humanização" (Xavier Zubiri). Em síntese, os seres humanos estão genética e humanamente vinculados uns aos outros. São, por sua própria *estrutura biológica* e por seu próprio *processo de humanização*, seres essencial e constitutivamente sociais.

No processo de humanização eles se vinculam uns aos outros e convivem entre si, para o bem ou para o mal, tanto de modo *pessoal* quanto de modo *impessoal*. Por um lado, vinculam-se e convivem com os outros enquanto *pessoas*: "comunhão pessoal". Nesse modo de convivência (família, amizade, vizinhança, comunidade etc.), as pessoas são absolutamente insubstituíveis. Ele surge com as pessoas e desaparece quando elas desaparecem. Por outro lado, vinculam-se e convivem com os outros impessoalmente: "sociedade". Aqui, não conta a pessoa enquanto pessoa, mas enquanto impessoalizada, isto é, enquanto reduzida a *outro*, enquanto ocupa um lugar e uma função na sociedade e, assim, intervém, de algum modo, na vida dos outros. Se na convivência pessoal as pessoas são absolutamente insubstituíveis, na convivência impessoal são perfeitamente substituíveis, desde que se encontre alguém que desempenhe sua função.

Num sentido bastante amplo, o social diz respeito tanto à "comunhão pessoal" quanto à "sociedade". Mas em sentido estrito diz respeito unicamente à sociedade. Nela, homens e mulheres se fazem presentes e atuam na vida uns dos outros – *con*-vivem – de modo impessoal, ou seja, enquanto pessoas reduzidas à mera alteridade: "meros outros". E essa redução impessoal vai se aprofundan-

17

do na medida em que a sociedade vai crescendo e se complexificando através de suas instituições, organizações e modos de funcionamento. Basta ver como se dá o vínculo ou nexo social nas grandes cidades e nos processos de modernização econômico-tecnológicos (sistema financeiro internacional, crise ecológica, agro-hidro-negócio, internet etc.): cada vez menos as pessoas se vinculam umas às outras de modo pessoal. Evidentemente, continuam vinculadas umas às outras, *inter*-agem e interferem (mais do que nunca) na vida umas das outras, mas de modo cada vez mais impessoal, isto é, enquanto pessoas reduzidas a meros outros. A sociedade diz respeito, portanto, ao modo impessoal (pessoa reduzida a "mero outro") de vínculo e *con*-vivência humanas (Xavier Zubiri). Ela consiste na organização e estruturação impessoais da atividade da espécie humana de modo coletivo (Antonio González). E tanto no que diz respeito às atividades mais propriamente econômicas (produção e distribuição de bens de utilidade) quanto no que diz respeito às atividades predominantemente sociopolíticas (instituições sociais de organização e controle), quanto, ainda, no que diz respeito às atividades mais tipicamente cultural-ideológicas (ciência-tecnologia e ideologia).

Convém, por fim, insistir no fato de o caráter impessoal desse modo de vínculo ou nexo social que é a sociedade não a transformar em algo que paira por cima das pessoas concretas e que seja absolutamente independente delas. Não existe a "sociedade em si", como algo separado das pessoas. O que existe são pessoas concretas vinculadas de modo impessoal umas às outras e vinculadas de uma forma ou de outra. A organização e estruturação impessoais do vínculo social, a sociedade, é fruto da *inter*-ação das pessoas, em sua coletividade, e por elas é mantida ou pode ser transformada. Não é algo que exista em si, que seja fruto do acaso, do destino ou determinação de Deus, que, portanto, seja inalterável, intransformável. De modo que, se a transformação social não é algo tão simples (querer não é sem mais poder!), tampouco é algo impossível (sempre foi assim e sempre será assim!). Depende da ação concreta de pessoas e grupos concretos, da correlação de forças que se vai construindo e da viabilidade das alternativas que se vão descobrindo e forjando.

A dimensão social da fé cristã

Não existe fé independentemente de um modo de vida, isto é, de uma forma ou figura concreta de vida. Daí porque não se pode falar de fé "em si", como algo separado da vida/práxis concreta do crente. Nem sequer se trata, simplesmente, de "relacionar" fé e vida, como se elas fossem "esferas" ou "relatos" autossuficientes com que, depois, se pudesse ou se devesse estabelecer alguma relação ou conexão. A fé cristã diz respeito à con*forma*ção ou à con*figura*ção de nossa vida a Jesus Cristo e, enquanto tal, ela é sempre mediada por essa con*forma*ção ou con*figura*ção. É um dinamismo de vida suscitado por Jesus e seu Espírito que, uma vez apropriado por nós, vai conformando ou configurando nossa vida e nosso mundo segundo esse mesmo dinamismo. É, portanto, "obra de Deus" em nós (Jo 6,29; 1Cor 12,3) e configuração de nossa vida "no Senhor" (Fl 4,8; Cl 3,17). Configuração que diz respeito à totalidade de nossa vida e, portanto, à sua dimensão sociopolítica. Vejamos.

A fé cristã

A fé cristã designa "o ato pelo qual a salvação que teve lugar em Cristo alcança as pessoas e as comunidades, transformando-as e iniciando uma nova criação".[3] Essa salvação não consiste, primariamente, na entrega de verdades ou doutrinas sobre Deus nem em exigência de ritos religiosos, mas num dinamismo práxico-salvífico (Cor 4,20). Consequentemente, a fé, enquanto abertura e acolhida desse dinamismo, não consiste, primariamente, em aceitação e confissão de doutrinas ou em ritos religiosos, mas em participação nesse mesmo dinamismo (2Cor 5,17-21).

Ela consiste, portanto, num jeito de viver a vida, numa práxis: viver como Jesus viveu! Numa palavra, ela consiste no *seguimento* de Jesus de Nazaré. E aqui não basta ter *fé em Jesus* (confessá-lo doutrinalmente e celebrá-lo ritualmente), é preciso ter a *fé de Jesus* (viver do que e como ele viveu), o iniciador e consumador da fé (cf. Hb 12,2): "uma fé ativada pelo amor" (cf. Gl 5,6), que se mostra nas obras (Tg 2,18), que nos leva a passar "fazendo o bem" (At 10,38), que nos faz "próximo" dos caídos à beira do caminho (Lc 10,25-37) e que tem como medida e critério definitivos as necessidades da humanidade sofredora (cf. Lc 10, 25.37; Mt 25,31-46). No seguimento de Jesus *não basta andar com Jesus no peito* ("Jesus é o Senhor"; "Jesus é 10" etc.), *é preciso ter peito para andar com Jesus*: "Quem diz que permanece em Deus deve, pessoalmente, caminhar como Jesus caminhou" (1Jo 2,6). "Nem todo aquele que me diz: 'Senhor! Senhor!', entrará

---

[3] GONZÁLEZ, Antonio. Fe. In: TAMAYO-ACOSTA, Juan-José (dir). *Nuevo diccionario de teología*. Madrid: Trotta, 2005. p. 369-376 – aqui, p. 369.

no Reino dos Céus, mas só aquele que põe em prática a vontade de meu Pai que está nos céus" (Mt 7,21).

Esse caráter *ativo/práxico* da fé não se contrapõe nem compromete seu caráter *gracioso*. A fé é, certamente, um dom (Ef 2,8), mas um dom que, uma vez acolhido, recria-nos, inserindo-nos ativamente em seu próprio dinamismo: "[...] criando-nos no Cristo Jesus, em vista das boas obras que preparou de antemão, para que nós as pratiquemos" (Ef 2,10). É, portanto, um *dom-tarefa*: algo que *recebemos* para *realizar*.

Esse é um dos paradoxos e um dos dramas fundamentais da fé cristã: um dinamismo de vida suscitado por Jesus e seu Espírito (*dom*) que deve tomar corpo em situações e contextos diversos, a partir das reais possibilidades materiais, biológicas, psíquicas, sociais, políticas, culturais, eclesiais etc. disponíveis (*tarefa*). Deve configurar nossa vida e nosso mundo segundo esse dinamismo – contra todo fatalismo e determinismo! Mas só pode fazê-lo a partir das possibilidades reais disponíveis – contra toda forma de idealismo e espiritualismo! E isso vale para todas as dimensões da vida: da sexual à econômica. Todas elas devem ser configuradas segundo o dinamismo suscitado por Jesus e seu Espírito. Mas essa configuração dependerá, em grande parte, das possibilidades e capacidades com que se conta em cada caso.[4] Daí que a fé, inserindo-nos no dinamismo salvífico-recriador de Jesus (*dom*), não nos oferece receita sexual, política, econômica etc., mas, antes, constitui-se como desafio e missão (*tarefa*).

---

[4] Aqui reside o caráter propriamente histórico da fé cristã. Ele diz respeito à sua configuração, mediante *processo de apropriação* de possibilidades reais disponíveis em cada momento e em cada situação e, através dele, *processo de capacitação* para a apropriação de novas possibilidades. Sobre esta concepção de historicidade, cf. ZUBIRI, *Tres dimensiones del ser humano;...*, p. 105-166; ELLACURÍA, *Filosofía de la realidad histórica*, p. 491-564.

O grande desafio da fé consiste, pois, em discernir e escolher, em cada caso e em cada situação, entre as *reais* possibilidades disponíveis, as mais adequadas e mais fecundas para a configuração de nossa vida e de nosso mundo segundo o dinamismo suscitado por Jesus e seu Espírito. Nesse processo, é preciso ter sempre em conta que, se nenhuma possibilidade real é absolutamente adequada, no sentido de esgotar as potencialidades desse dinamismo, elas não são igualmente (in)adequadas: umas são mais (in)adequadas do que outras. Aqui, conta-se sempre com uma boa dose de risco, de aposta. Em todo caso, *um critério fundamental e permanente* de discernimento das possibilidades a serem apropriadas, em qualquer que seja a dimensão da vida, são as necessidades e os clamores da humanidade sofredora, das vítimas de toda e qualquer forma de injustiça e exclusão (Mt 25,31-46; Lc 10,25-37).

Dimensão social da fé

É claro que, se a fé, enquanto dinamismo de vida ou modo de viver e configurar a vida, diz respeito à totalidade da vida humana, ela diz respeito, evidentemente, ao modo como nos vinculamos uns aos outros e *inter*-agimos e ao modo como organizamos e regulamos nossa vida coletiva. Ela tem, portanto, uma dimensão sociopolítica constitutiva. O Cristianismo, diz *Puebla*, "deve evangelizar a totalidade da existência humana, inclusive a dimensão política" (n. 515). E por uma razão muito fundamental: "Efetivamente, a necessidade da presença da Igreja no âmbito político provém do mais íntimo da fé cristã: o domínio de Cristo que se estende a toda a vida. Cristo marca a irmandade definitiva da humanidade" (n. 516).

E tanto no que tem de convivência pessoal ("comunhão pessoal") quanto no que tem de convivência impessoal ("sociedade"). Não apenas as relações *inter*-pessoais (esposo-esposa, pais-filhos, vizinhos, amigos, fiéis etc.) devem ser configuradas segundo o dinamismo de vida suscitado por Jesus e seu Espírito. Também as relações sociais (produção e distribuição de bens e riquezas, instituições, relações e estruturas de poder etc.) devem ser configuradas segundo esse mesmo dinamismo. Daí que não basta cuidar do "coração" e convidar as pessoas à *conversão*. É preciso também cuidar das "estruturas sociais" e lutar por sua *transformação*.

Na verdade, nossa vida é muito mais condicionada e determinada pelas estruturas da sociedade do que parece: a forma de nos cumprimentarmos uns aos outros (tu, você, senhor(a), excelência, majestade, eminência etc.), o ser homem ou mulher, as relações de poder, a produção e distribuição de bens e riquezas, a relação com o meio ambiente etc. são, em grande parte, regulamentados e controlados socialmente. Certamente, tudo isso tem sua origem em ações concretas de pessoas concretas. Mas na medida em que vai se impondo e se institucionalizando, vai adquirindo um poder enorme de configuração, para o bem ou para o mal, da vida individual e coletiva. Esse poder de configuração pode estar mais ou menos em sintonia com o dinamismo de vida suscitado por Jesus e seu Espírito: pode tanto permitir ou facilitar (dinamismo gracioso) quanto impedir ou dificultar (dinamismo pecaminoso), adquirindo, assim, um caráter estritamente teologal. É a dimensão estrutural ou institucional do pecado e da graça. As estruturas da sociedade não são simplesmente estruturas econômicas, políticas, culturais, de gênero etc. São, também e sempre, estruturas teologais, enquanto objetivações (institucionalizações) e mediações (poder dinamizador) da graça ou do pecado. Daí sua importância central para a fé cristã, compreendida como seguimento de Jesus: um modo de viver, como um jeito de configurar a vida individual e coletiva.

Ora, na medida em que a sociedade está organizada e estruturada de tal forma que priva uma grande parte da humanidade até mesmo das condições materiais básicas de sobrevivência, que mantém a dominação e a exploração dos homens sobre as mulheres, dos brancos sobre os negros, que discrimina e marginaliza deficientes, idosos, homossexuais, que destrói o meio ambiente e compromete o futuro da própria espécie humana no planeta, entre outros, ela *des*-figura a presença de Deus no mundo e constitui-se como um obstáculo ao dinamismo de vida suscitado por Jesus e seu Espírito. Suas estruturas têm, portanto, um caráter intrinsecamente pecaminoso: constituem-se como objetivação e mediação de pecado. Enquanto tais, apresentam-se e impõem-se como um dos maiores desafios atuais para a vivência da fé e, consequentemente, para a ação pastoral da Igreja.

É neste contexto que as lutas populares por libertação aparecem como lugar privilegiado (não exclusivo) de vivência da fé. Elas se confrontam, precisamente, com esse momento estrutural ou institucional da vida social, desmascarando/denunciando seu caráter injusto e buscando/anunciando formas mais justas de estruturação da sociedade. E, na medida em que o fazem, constituem-se, *objetivamente* (para além de toda confissão e intencionalidade), como mediações da ação redentora e *re*-criadora de Jesus e seu Espírito: enfrentam-se com o pecado do mundo e inserem-se no dinamismo salvífico-recriador de Jesus e seu Espírito. Isso não nega a existência, necessidade e eficácia de outras ações/mediações salvíficas (oração, ação individual, ações coletivas assistenciais etc.) nem o que haja de pecado nas lutas e organizações populares (centralismo, autoritarismo, autopromoção, vingança, absolutização etc.). Simplesmente, reconhece e leva a sério sua densidade teologal (mediação salvífica) e sua relevância histórica (necessidade e urgência atuais).

A Pastoral Social

A Pastoral Social, tal como nasceu e se desenvolveu na Igreja do Brasil e da América Latina, tem a ver, precisamente, com o modo impessoal de *con*-vivência entre as pessoas, com a dimensão estrutural/institucional do vínculo ou nexo social.

É claro que a fé cristã em sua totalidade tem uma dimensão social constitutiva; é claro que a comunidade eclesial em sua constituição (palavra – sacramento – caridade/justiça), em sua estruturação (comunidade: carismas e ministérios) e em seus modos tradicionais de serviço da caridade (visita a doentes, encarcerados, idosos; partilha de alimentos, roupas etc.; ajuda a dependentes químicos etc.) tem um caráter intrinsecamente social. Mas social num sentido bastante amplo: estamos sempre, de uma forma ou de outra, para o bem ou para o mal, vinculados uns aos outros. Nesse sentido, tudo é social, embora o social não seja tudo.

Mas quando falamos de Pastoral Social, no sentido estrito da palavra, falamos da (colabor)ação organizada da Igreja na realização da justiça social, ou seja, da estruturação e institucionalização da vida coletiva a partir e em vista dos pobres e oprimidos. A Pastoral Social se constitui, assim, como *fermento* evangélico nas estruturas da sociedade. E num duplo sentido. Por um lado, como *denúncia* de toda forma de injustiça, exploração, discriminação, portanto, de afronta a um modo de estruturação e institucionalização do vínculo ou nexo social que nega a muitas pessoas as condições materiais básicas de sobrevivência e as impede de viverem com dignidade e se realizarem. Por outro lado, como *anúncio* eficaz de uma nova forma de estruturação da sociedade, isto é, como reinvenção da vida social: seja insistindo na inaceitabilidade da injustiça social, seja mobilizando pessoas e grupos a buscarem/criarem alternativas, seja articulando e projetando essas mesmas alternativas, seja fortalecendo as lutas populares com a força social da Igreja, seja, enfim, explicitando e potencializando seu caráter salvífico.

De modo que não qualquer ação ou serviço social (tudo tem uma dimensão social!), nem sequer qualquer serviço aos pobres, por mais nobre e evangélico que seja, é, sem mais, uma Pastoral Social. O que caracteriza uma Pastoral Social é seu intento de interferir em, de alterar a estruturação e organização da vida social a partir e em vista dos pobres e oprimidos. Assim, visitar trabalhadores(as) rurais e rezar com eles é algo que pode ajudar muito a melhorar a convivência na comunidade; mas essa visita e essa reza só se constituem como Pastoral Social na medida em que ajudam a comunidade a se constituir como força social e a lutar por seus direitos (terra, água, condições de produzir e comercializar, escola, saúde etc.). Da mesma forma, visitar/conhecer os catadores de material reciclável, os menores de rua, os encarcerados, os idosos etc. e até se reunir e rezar com eles é algo muito evangélico, mas só se constitui como Pastoral Social na medida em que essas visitas, esses encontros e essas rezas mobilizam e levam à luta coletiva pelos direitos dessas pessoas e grupos.

Isso confere à Pastoral Social um caráter pastoral muito peculiar – nem sempre compreendido, muito menos aceito. Tanto na sociedade em geral quanto na própria comunidade eclesial. Essa peculiaridade se mostra, particularmente, em três de suas principais características: opção pelos pobres, vínculo muito estreito com as lutas e organizações populares e conflito:

1. Se a opção pelos pobres é constitutiva da Igreja de Jesus Cristo em sua totalidade, de modo que sem ela não se pode mais falar propriamente de Igreja de Jesus Cristo, o é de modo muito particular deste serviço eclesial que é a Pastoral Social. Ela nasce e se estrutura como resposta a ou *re*-ação eclesial diante do clamor dos pobres e oprimidos: sua razão de ser e seu critério permanente. É, fundamentalmente, um serviço à causa/direitos dos pobres e oprimidos.

2. Enquanto serviço à causa dos pobres e oprimidos, está estreitamente vinculada às lutas e organizações populares, sem com isso perder sua identidade eclesial. Não é uma organização ou movimento social nem muito menos um partido político. É uma pastoral! Mas enquanto serviço eclesial organizado à causa dos pobres e oprimidos, é aliada e parceira de todas as forças sociais (na medida em) que defendem e lutam por seus direi-

tos, independentemente de profissão de fé e de vínculo eclesial.

3. Na medida em que defende e luta pelos direitos dos pobres e oprimidos e que, para isto, alia-se às forças sociais que lutam por esses mesmos direitos, entra em conflito com pessoas, grupos, instituições e forças sociais que promovem essa negação de direitos e com ela se beneficia. O conflito, neste caso, é inevitável (cf. Jo 15,20). É inerente à missão da Igreja de lutar pela justiça – sinal por excelência do Reinado de Deus neste mundo. E aqui não há meio termo: ou se está de um lado, ou de outro.

Em síntese, enquanto serviço eclesial organizado, a Pastoral Social se constitui como fermento evangélico nas estruturas da sociedade, como (colabor)ação eclesial na luta contra toda forma de injustiça e na defesa dos direitos dos pobres e oprimidos – *nele*, juízes e senhores de nossas vidas, de nossa sociedade e de nossa Igreja (Mt 25,31-46; Lc 10,25-37).

Capítulo II

TEOLOGIA E POLÍTICA[1]

Para além de um fato historicamente constatável e verificável, a "relação" entre *teologia e política* pertence à estrutura mesma da revelação, da fé e da teologia cristãs. É um elemento constitutivo do dinamismo cristão. Neste capítulo procuraremos explicitar o caráter estrutural real e práxico desta relação no dinamismo cristão e esboçar um "modelo" práxico-teórico que respeite e potencie tanto a unidade entre ambas quanto a autonomia de uma em relação à outra.

Depois de algumas *considerações prévias* que visam a explicitar melhor a complexidade do tema e justificar a necessidade de delimitação de sua abordagem (1), procuraremos mostrar que se trata de uma *questão real e práxica* (2) e esboçaremos um modelo práxico-teórico de *relação entre teologia e política* (3).

Considerações prévias

A infinidade de situações, acontecimentos, realidades e assuntos que o tema *teologia e política* suscita e abriga, além da diversidade de perspectivas (ciências) e de abordagens (escolas teóricas) no interior de cada perspectiva em que ele é tratado, são suficientes para mostrar a ampli-

---

[1] Publicado na revista *Kairós* 2 (2006) 297-326 e na *REVER* 8/1 (2008) 92-118 – disponível em: <http://www4.pucsp.br/rever/rv1_2008/t_aquino.pdf>.

dão e a complexidade da questão que aqui nos ocupa. E exige, de antemão, uma clara delimitação de perspectiva e de abordagem.

1. Poderíamos abordá-lo tanto do ponto de vista das *ciências sociais e políticas* quanto do ponto de vista da *ciência teológica*.

No primeiro caso, poderíamos tratar, por exemplo, das relações históricas dos crentes e suas Igrejas/religiões com os diversos grupos sociais e as diversas forças políticas da sociedade; da função ideológica (alienante ou libertadora) da religião; da especificidade e eficácia da linguagem religiosa tanto na configuração das relações sociais quanto na legitimação do poder político; da postura das Igrejas/religiões nos processos de transformação social e de reestruturação do poder político ou das formas de governo etc. Importa, aqui, analisar, descrever e explicitar a função, o papel e a importância dos crentes e de suas Igrejas/religiões na configuração dos processos históricos, mais concretamente, das relações sociais e das forças políticas.

No segundo caso, poderíamos tratar de todos esses assuntos, mas na perspectiva da fé de uma comunidade religiosa concreta. Seja no sentido de justificar determinadas posturas ou ações como exigências da fé ou como consequências necessárias ou inevitáveis da fé em determinadas circunstâncias. Seja no sentido de criticar, condenar ou rever criticamente determinadas posturas ou ações como contrárias à fé e, portanto, como injustificáveis do ponto de vista da fé. O que caracteriza o discurso teológico é que sua abordagem dos processos históricos, da configuração das relações sociais, da constituição das forças políticas, da produção e eficácia dos discursos ideológicos e da participação dos crentes e de suas Igrejas / religiões nesses processos dá-se a partir da fé da comunidade religiosa em que ele está enraizado e é produzido e em função dela.

Enquanto as ciências sociais e políticas procuram analisar a função, o papel e a importância da religião na constituição e configuração dos processos históricos, das relações sociais e das forças políticas, a teologia procura analisar todos esses processos e a participação dos crentes e de suas Igrejas/religiões nesses mesmos processos a partir da fé – no sentido de ver se estão mais ou menos de acordo com suas exigências fundamentais e de discernir, entre as diversas possibilidades históricas, caminhos, posturas e ações para os crentes e suas comunidades religiosas em vista da eficácia da fé. Não existe, necessariamente, contradição entre ambas as perspectivas. São, antes, acessos diferenciados à mesma realidade (relação teologia e política). E acessos que podem permitir, promover e potenciar o conhecimento de dimensões ou aspectos diversos da mesma realidade. Indo mais longe, ousaríamos afirmar, mesmo, que se trata de abordagens que de uma forma ou de outra se implicam mutuamente. Afinal, se as ciências sociais e políticas querem compreender realmente a função, o papel e a importância da religião nos processos sociais e políticos, não podem, sem mais, desconsiderar a perspectiva própria e específica (cosmovisão, tradições, interesses etc.) dos crentes e de suas Igrejas/religiões. Por outro lado, se à teologia interessa, antes de tudo, a eficácia da fé, ela não pode ficar indiferente aos resultados reais/concretos da práxis dos crentes e de suas Igrejas/religiões nos processos históricos. Tem de levá-los a sério, sob pena de se reduzir a especulações teóricas sem eficácia histórica ou, o que é mais provável, ser transformada (por comissão ou por omissão) em instrumento de legitimação ideológica de determinadas práticas contrárias à fé.

2. Além do mais, os conceitos *política* e *teologia* são usados para expressar uma infinidade de práticas e de teorias que os tornam profundamente ambíguos e equívocos.

Por *política* pode-se entender tanto a dimensão social do ser humano quanto o poder de governo na sociedade. No primeiro caso, temos um sentido muito amplo e largo da política. Diz respeito àquilo que nos faz ser-com--os-outros, ao nexo ou vínculo social radical que constitui e caracteriza nosso modo de vida – seja entendido numa perspectiva metafísico-idealista, seja entendido numa perspectiva físico-biológica e práxica. Nesse sentido, política diz respeito a todos os seres humanos. O ser humano é, na linguagem de Aristóteles, um "animal político". Ou, como se costuma afirmar na Igreja dos pobres da América Latina: "Tudo é política, embora a política não seja tudo". No segundo caso, temos um sentido bem mais restrito e específico da política. Diz respeito aos processos e mecanismos de organização e controle da vida social, particularmente ao Estado nacional e aos organismos internacionais com o conjunto de instituições e meios que dispõem para o exercício do poder de governo, bem como às formas de acesso e controle desse poder. Embora, de uma forma ou outra, mais ou menos, a política, como poder de governo, interfira na vida de todos os seres humanos (sobretudo com o processo de complexificação da sociedade), nem todos os seres humanos ou grupos sociais atuam própria e ativamente na política governamental. Não se deve esquecer, ademais, que ambos os sentidos da política – dimensão social do ser humano e poder de governo na sociedade – são compreendidos e conceituados de formas muito diversas tanto na filosofia quanto nas ciências sociais e políticas. Há uma infinidade de teorias políticas tanto numa quanto na outra.

Por *teologia* pode-se entender, também, realidades muito diversas e, às vezes, até contraditórias. Primeiro, porque à diversidade de religiões corresponde uma diversidade de teologias. Entre Judaísmo, Cristianismo e Islamismo, por exemplo, existem diferenças significativas – não obstante tudo o que têm em comum, enquanto religiões abraâmicas. A diferença pode aumentar, consideravelmente, em relação a outras religiões. E tanto no que diz respeito à revelação de Deus ou à experiência religiosa ("Deus", "divindade" etc.) quanto no que diz respeito à práxis decorrente da revelação ou experiência religiosa (fé). Segundo, porque nenhuma religião é homogênea nem uniforme. No interior de cada religião existe uma diversidade enorme de práticas e teorias. No caso concreto do Cristianismo, isso é um dado evidentíssimo. E não apenas no que diz respeito às três grandes tradições cristãs: Igreja ortodoxa, Igrejas protestantes e Igreja de tradição romana. No interior da Igreja de tradição romana, por exemplo, existem muitas formas de viver e entender a fé e, consequentemente, muitas teologias. Há diferenças significativas entre a "teologia católica europeia" e a "teologia católica latino-americana". Mesmo aí existem tradições e escolas teológicas muito diferenciadas. Não se pode juntar, sem mais, por exemplo, a teologia de um Karl Rahner e a teologia de um Hans Urs von Balthasar (Alemanha); nem mesmo a teologia de um Clodovis Boff (Brasil) com a teologia de um Ignacio Ellacuría (El Salvador).

O tema *teologia e política* será abordado aqui na perspectiva da *teologia cristã*. Mais concretamente, na perspectiva da *teologia da libertação latino-americana*, sobretudo na formulação que recebeu em El Salvador com *Ignacio Ellacuría*.

Questão práxica antes que teórica

Embora possa parecer óbvio e evidente, nunca é demais insistir no fato de que a relação *teologia e política* é uma *questão real e práxica, antes que abstrata e teórica*. Não está em jogo uma questão meramente abstrata e teórica, nascida de uma curiosidade intelectual. Não se trata de teorizar por teorizar, especular por especular. Teoriza-se e especula-se algo que é real, histórico e, ademais, vital para o Cristianismo. Tanto do ponto de vista da pura constatação factual quanto do ponto de vista da estrutura da revelação, da fé e da teologia cristãs.

Fato historicamente constatável

Trata-se, em primeiro lugar, de um *fato histórico*, facilmente constatável e verificável em nossa sociedade. Os cristãos e as Igrejas cristãs (A) são realidades sociais (política no sentido amplo do termo) e, enquanto tais, (B) incidem ou atuam (in)diretamente no poder de governo da sociedade (política no sentido mais restrito do termo), ou, em todo caso, são por ele afetados.

A. Poder-se-ia objetar que, pelo menos do ponto de vista da discussão teórica, o caráter social constitutivo dos cristãos não seria tão incontestável assim. E para isso se poderia apelar, por exemplo, para o filósofo inglês John Locke (1632-1704), para quem, a sociedade, antes de ser algo constitutivo da vida humana, seria resultado de um *pacto* entre indivíduos, cujo fim máximo e principal seria a defesa e proteção dos *direitos naturais* dos indivíduos (vida, liberdade, propriedade privada).[2] O ser humano seria, por "natureza", um ser individual. A sociedade seria uma espécie de agrupamento de indivíduos, fruto de um pacto ou contrato entre eles. Prescindindo do fato de que os indivíduos que realmente existem (para além do imaginado/idealizado indivíduo no estado de natureza, anterior à sociedade) são indivíduos socialmente integrados, que interagem (para o bem ou para o mal) com outros indivíduos; prescindido de toda discussão acerca da unidade estrutural físico-biológica da espécie humana, sempre mais explicitada e acentuada pelo conhecimento progressivo do código genético humano; e prescindindo, ainda, do discutível caráter ideológico da concepção liberal-burguesa da teoria lockeana da sociedade, valeria a pena se confrontar com a questão de se um tal indivíduo, naturalmente a-social, seria capaz de um pacto social ou se um pacto social não pressupõe, de alguma forma, uma estrutura minimamente social entre contratantes. Em todo caso, dificilmente se poderia objetar o caráter social da Igreja enquanto instituição que interage com outras instituições.

> Não se pode negar que a instituição eclesial é uma força social. Prescindindo, agora, de toda consideração de fé, é uma instituição formada por milhões de homens enlaçados entre si numa ordem hierárquica, que tem uma doutrina própria e vários canais de ação diante de outras forças sociais.[3]

---

[2] Cf. LOCKE, John. *Segundo tratado sobre o governo civil*. São Paulo: Abril Cultural, 1978.

[3] ELLACURÍA, Ignacio. Teología de la liberación frente al cambio socio-histórico en América Latina. In: *Escritos teológicos I*. San Salvador: UCA, 2000. p. 313-353 – aqui, p. 328.

Deixando entre parêntese (mas pressupondo!) a discussão filosófica sobre a natureza ou o caráter social/político da vida humana e sobre a origem da sociedade,[4] partimos da constatação de que os cristãos realmente existentes existem socialmente, interagem socialmente entre si e com os demais membros da sociedade. São, portanto, seres sociais, políticos – no sentido amplo da palavra. Mas não apenas os cristãos tomados individualmente, também suas Igrejas enquanto instituições são realidades sociais. Existem como forças sociais em interação com outras forças sociais na sociedade.

> A experiência e a vida religiosa nunca é um fenômeno exclusivamente individual e subjetivo, mas, ao contrário, está sempre ligada a instituições e organizações sociais. Toda religião tem, em maior ou menor medida, uma organização institucional própria e está, ademais, conectada sistematicamente com o resto das instituições de uma determinada sociedade.[5]

Convém insistir na distinção entre cristãos e Igrejas para não perder de vista a especificidade e densidade formais de cada um, enquanto realidades sociais diversas. Afinal, embora não exista uma Igreja institucional pairando por cima dos cristãos de carne e osso, a Igreja não é, sem mais, a soma ou o conjunto dos cristãos. Enquanto instituição e força social, tem um dinamismo próprio, diferente do dinamismo dos cristãos, individualmente considerados.

---

[4] Cf. GONZÁLEZ, Antonio. *Introducción a la práctica de la filosofía*. Texto de iniciación. San Salvador: UCA, 2005. p. 237-291 (excelente introdução à filosofia da sociedade). ELLACURÍA, Ignacio. *Filosofía de la realidad histórica*. San Salvador: UCA, 1999. p. 177-314 (abordagem aprofundada e sistematizada do "componente social da história" no contexto mais amplo de uma filosofia da realidade histórica).

[5] GONZÁLEZ, *Introducción a la práctica de la filosofía*, p. 364.

B. Mas além de serem realidades sociais e precisamente enquanto realidades sociais, os cristãos e as Igrejas cristãs estão, de uma forma ou de outra, ativa ou passivamente, vinculados ao poder de governo da sociedade. Seja na medida em que são favorecidos por ele, lutam por ele, tomam parte nele, legitimam-no, aliam-se aos grupos que o sustentam politicamente, desqualificam ou perseguem os que a ele se opõem...; seja na medida em que são por ele desfavorecidos ou perseguidos, lutam contra ele, tentam construir uma alternativa de poder, legitimam, apoiam e favorecem outras forças políticas... Isso vale tanto para os cristãos, individualmente considerados, quanto para as Igrejas cristãs, institucionalmente consideradas, respeitando, é claro, a formalidade e o dinamismo próprio de cada um.

Por um lado, uma grande parte das pessoas que assumem o poder de governo ou que participam de grupos políticos nas sociedades latino-americanas, concretamente no Brasil, reconhece-se a si mesma como cristã. Alguns chegam, mesmo, a se articular como grupos cristãos, como, por exemplo, a bancada evangélica no Parlamento brasileiro. E mesmo os cristãos que não tomam parte diretamente no poder de governo ou que não pertencem a grupos políticos voltados para o poder de governo não são indiferentes a ele. As disputas eleitorais são um sinal claro disso. Normalmente, ninguém fica indiferente. Não existe neutralidade. Sempre se toma partido. Chega-se ao ponto, às vezes, sobretudo em cidades pequenas, de os trabalhos de Igreja se tornarem inviáveis no período eleitoral. A disputa eleitoral se torna o fator decisivo de unidade ou divisão entre os cristãos. E por uma razão muito simples: o poder de governo da sociedade interfere, de uma forma ou de outra, na vida de todos os membros da sociedade, seja favorecendo ou concedendo privilégios, seja desfavorecendo ou prejudicando e, mesmo, perseguindo. Por isso não se pode ficar indiferente a ele e se toma partido pelas forças políticas que estão (ou parecem estar) mais em sintonia com os próprios interesses (deixando aberta, aqui, a discussão acerca dos *interesses próprios*, sobretudo na perspectiva cristã). É claro que isso não é específico dos cristãos. Vale para todos os cidadãos. Importa, aqui, em todo caso, insistir no fato de que a política, entendida como poder de governo da sociedade e como instrumento de acesso e controle desse poder de governo, não é indiferente aos cristãos.

Por outro lado, também as igrejas cristãs, enquanto instituições sociais, não são indiferentes ao poder de governo da sociedade. Basta ver a história política do Ocidente. Aí se poderá facilmente constatar como as Igrejas cristãs, de uma forma ou de outra (e prescindindo, aqui, de qualquer julgamento ético-teológico), sempre estiveram e continuam vinculadas ao poder de governo da sociedade: seja participando ou exercendo diretamente o poder de governo ou apoiando-o, legitimando-o, promovendo-o, seja opondo-se a ele, favorecendo e legitimando as forças políticas de oposição; seja desfrutando de privilégios, seja sendo perseguida; seja em harmonia, seja em conflito. Tanto no passado quanto no presente.[6] Na verdade, dificilmente se poderia compreender o tamanho, a infraestrutura e o poder da Igreja Católica no Brasil e no conjunto da América Latina, por exemplo, caso se prescindisse de sua estreita relação com as forças políticas

---

[6] Cf. o número monográfico da revista *Concilium* sobre o "papel político da Igreja", referente, sobretudo, à segunda metade do século XX. *Concilium* 177 (1982/7).

(que quase sempre coincidem com as forças econômicas) imperiais e locais/nacionais. Mas também dificilmente se poderiam compreender as lutas e os processos de transformação social e política na América Latina, concretamente no Brasil, nas últimas décadas, sem a participação dos cristãos e de suas Igrejas, institucionalmente consideradas. De modo que não se pode, sem mais, pelo menos na América Latina, falar da instituição eclesial e de sua atuação na sociedade como instrumento ideológico das elites econômicas e das forças políticas conservadoras ou como defesa e busca de privilégios institucionais. Em muitas situações tem atuado em função e a serviço das classes populares e por isso tem sido, não raras vezes, perseguida. Muitas de suas lideranças, até mesmo bispos (Oscar Romero, de El Salvador; Enrique Angelelli, da Argentina; José Gerardi, da Guatemala), têm sido martirizadas.[7]

No que diz respeito à relação da Igreja enquanto instituição ou força social com as forças políticas de governo, há que considerar o papel fundamental e decisivo dos que exercem a função de governo na Igreja: o clero. Enquanto

---

[7] Falando sobre a perseguição que a Igreja de El Salvador estava sofrendo, dizia Romero em Louvain, Bélgica, dois meses antes de ser assassinado: "Esta defesa dos pobres em um mundo cheio de conflitos provocou algo novo na história recente de nossa Igreja: perseguição. Vós conheceis os fatos mais importantes. Em menos de três anos, mais de cinquenta padres foram agredidos, ameaçados, caluniados. Seis deles já são mártires – foram assassinados. Alguns foram torturados e outros, expulsos. As religiosas também têm sido perseguidas. A estação de rádio arquidiocesana e as instituições educacionais católicas ou de inspiração cristã foram atacadas, ameaçadas, intimidadas, até bombardeadas. Diversas comunidades paroquiais foram fechadas. Se tudo isso aconteceu com pessoas que são os representantes mais evidentes da Igreja, bem podeis imaginar o que ocorreu com os cristãos comuns, com os camponeses, os catequistas, os ministros leigos e com as comunidades eclesiais de base. Houve centenas e milhares de ameaças, prisões, torturas, assassínios. Como sempre, mesmo na perseguição, entre os cristãos foram os pobres os que mais sofreram. É, pois, um fato indiscutível que, nos últimos três anos, nossa Igreja tem sido perseguida. Mas é importante observar por que ela tem sido perseguida. Nem todos os padres foram perseguidos, nem todas as instituições foram atacadas. Foi atacada e perseguida a parte da Igreja que se colocou do lado do povo e que se dispôs a defender o povo" (ROMERO, Oscar. A dimensão política da fé dentro da perspectiva da opção pelos pobres. In: VV. AA. *Voz dos sem voz*; a palavra profética de Dom Oscar Romero. São Paulo: Paulus, 1987. p. 261-275 – aqui, p. 267s).

dirigentes e representantes oficiais da Igreja, não agem, simplesmente, como membros da Igreja, como cristãos. Agem como representantes da instituição, em nome da instituição, como instituição. A relação estreita e peculiar entre instituição e seus dirigentes (não obstante todos os esforços mais ou menos bem-sucedidos de distinção) adquire na instituição eclesial um caráter todo especial, na medida em que é articulada e expressa em categorias teológicas, muito mais facilmente manipuláveis e ideologizáveis: os que presidem a Igreja o fazem *in persona Christi* e são, ainda hoje – quarenta anos depois do Concílio Vaticano II –, identificados como *a* Igreja, sem mais. Normalmente, quando se fala da Igreja, do pensamento da Igreja, da postura da Igreja etc., pensa-se imediatamente nos bispos (especialmente no papa) e nos padres e não no Povo de Deus, no conjunto da comunidade eclesial. É verdade que já foram dados passos importantes no processo de democratização institucional na Igreja latino-americana. De modo que, por exemplo, as Pastorais e os Organismos Sociais da Igreja Católica no Brasil agem e falam pública e oficialmente como Igreja (não em nome da CNBB, o que é bem diferente). Não se trata, no caso, simplesmente, de ações e pronunciamentos individuais ou de grupos de indivíduos, mas eclesiais, institucionais: a Pastoral da Terra, a Pastoral do Menor, a Pastoral Carcerária, a Cáritas etc. Em todo caso, temos, ainda, um dinamismo institucional profundamente clerical.

Estrutura da revelação e da fé cristãs

Mas além de ser um fato histórico facilmente constatável e verificável em nossa sociedade, o caráter práxico da relação *teologia e política* tem a ver com a *estrutura mesma da revelação e da fé cristãs.* Diz respeito tanto ao (A) caráter histórico-salvífico da revelação de Deus quanto ao (B) caráter práxico da fé, enquanto resposta à revelação de Deus.

Revelação cristã

A experiência e o discurso cristãos de Deus estão original e definitivamente marcados e condicionados pelo fato histórico da libertação e constituição de Israel e, particularmente, pela práxis histórica de Jesus de Nazaré. De modo que não se pode falar de Deus, na perspectiva cristã, sem falar da práxis histórica de libertação (Israel-Jesus de Nazaré) em que ele se dá a conhecer e/ou que ele desencadeia.

Ignacio Ellacuría destaca o acerto e a importância da reformulação do "mistério de Deus em termos de história da salvação" por parte da teologia europeia, embora ela não tenha tirado "todas as consequências desse acerto nem no que diz respeito à salvação, nem no que diz respeito à história", e insiste na intrínseca e constitutiva relação da "história da salvação com a salvação na e da história". A salvação histórica, isto é, a progressiva realização do Reinado de Deus na história, diz ele, "é o sinal constitutivo – e não apenas manifestativo – da presença deificante e salvífica do Deus encarnado na humanidade. É sinal porque não é sem mais Deus mesmo; mas é sinal constitutivo porque é o corpo histórico da salvação, seu lugar próprio de realização e verificação".[8]

---

[8]   ELLACURÍA, Ignacio. Teorías económicas y relación entre cristianismo y socialismo. In: *Escritos teológicos I*, p. 303-312 – aqui, p. 304.

A *história da salvação* diz respeito não apenas ao (A) fato de que Deus tenha se revelado na história de Israel – especialmente na vida de Jesus de Nazaré – e tenha revelado o sentido da história, mas também ao (B) fato de que tenha se revelado numa práxis de libertação. De modo que a autorrevelação de Deus é inseparável de sua ação salvífica.

Por isso mesmo não se pode reduzir a história da salvação à revelação de umas verdades sobre Deus ou do sentido da história, como se sua finalidade fosse, simplesmente, ou mesmo primordialmente, dar-nos a conhecer algo que não conhecíamos, tornar-nos mais sábios, mais eruditos. Antes de ser revelação de verdades ou de sentido, é ação salvífica. E enquanto tal é que é reveladora da verdade de Deus e do sentido da história. É na ação mesma de salvar que Deus se revela a si mesmo. Sua autorrevelação é, portanto, fundamentalmente salvífica. Daí que não se possa afirmar, como faz Pannenberg, que o objetivo da ação salvífica de Deus seja *primo et per se* sua autorrevelação[9] – que o sentido do êxodo e da missão do Filho esteja na revelação de Deus,[10] como se a ação salvífica de Deus não passasse de um cenário ou de um instrumento para o que é realmente importante: a revelação da verdade de Deus e do sentido da história, ou como se Deus precisasse ou quisesse ser reconhecido, louvado. Na verdade, como bem diz González,

---

[9] PANNENBERG, Wolfhart. *Teologia sistemática*. Santo André/São Paulo: Academia Cristã/Paulus, 2009. v. 1, p. 524s. A afirmação de que o objetivo da ação de Deus é sua autorrevelação, isto é, "a revelação de sua soberania sobre o mundo de sua criação" é feita, aqui, no contexto da distinção entre a ação humana (que corresponde à uma necessidade do ser humano e na qual ele se realiza) e ação de Deus no mundo (que não corresponde a uma necessidade de Deus nem acrescenta nada a seu ser). Nesse contexto, a autorrevelação de Deus é tomada como sinônimo do objetivo de sua ação no mundo.

[10] Ibid., p. 337 e 420, respectivamente.

Deus não se manifestou primordialmente nem como a verdade do mundo nem como o fundamento de toda verdade e de todo conhecimento [...]. Deus se manifestou como um Deus salvador, como fundamento da salvação e da liberdade do homem ou, dito de um modo mais preciso, Deus se manifestou não apenas *como* salvador, mas primordialmente *enquanto* salvador, *no ato mesmo de salvar.*[11]

Daí o duplo caráter social e político da revelação cristã de Deus.

Primeiro, porque acontece numa história social e política concreta, num lugar e num tempo determinados, num contexto social e político específico. Sem dúvida alguma, na história em que Deus se revela e no processo mesmo de sua autorrevelação as relações biográficas e pessoais, os encontros pessoais de alguns homens e algumas mulheres com Deus têm um significado e uma importância muito especiais. Mas mesmo nesses casos, insiste Ellacuría, são "vidas pessoais e relações pessoais com Deus em um contexto histórico, social e político, cujo peso é indubitável na própria configuração pessoal da revelação de Deus ao homem e do encontro do homem com Deus".[12] E isso não é diferente no caso concreto de Jesus de Nazaré – a revelação histórica de Deus por antonomásia para os cristãos. O reconhecimento e a afirmação teológica fundamental da encarnação de Deus em Jesus de Nazaré, longe de espiritualizar a revelação, como alguns querem ou tendem a pensar, radicalizam seu processo de historicização.

Segundo, porque é uma revelação salvífica – com incidência nos processos de estruturação social e política da

---

[11] GONZÁLEZ, Antonio. *Trinidad y liberación*. San Salvador: UCA, 1994. p. 59.

[12] ELLACURÍA, Ignacio. Fe y justicia. In: *Escritos teológicos III*. San Salvador: UCA, 2002. p. 307-373 – aqui, p. 318s.

sociedade. Não se pode esquecer de que "a constituição do povo de Israel é inseparável historicamente da constituição da revelação veterotestamentária"[13] nem que a revelação de Deus em Jesus de Nazaré é inseparável de sua práxis do Reinado de Deus, e que esta tinha implicações e repercutia na estruturação das relações sociais (pense-se, por exemplo, no contato com os "impuros" [leprosos, samaritanos etc.]; nas curas em dia de sábado; na comensalidade com "pecadores"; na equiparação e mesmo subordinação do amor a Deus ao amor ao próximo etc.) e políticas (pense-se, por exemplo, nos conflitos que tinha com as forças políticas da região e sobretudo em sua crucificação) de seu tempo. De modo que a revelação histórica de Deus, enquanto revelação salvífica, não apenas se dá numa história social e política, mas tem, em si mesma, densidade e implicações sociais (política no sentido amplo do termo) e políticas (configuração do poder de governo).

Fé cristã

Se o caráter práxico da relação *teologia e política* diz respeito à estrutura mesma da revelação histórico-salvífica de Deus na história de Israel, particularmente na vida de Jesus de Nazaré, diz respeito muito mais à estrutura da fé cristã enquanto resposta à revelação de Deus. Assim como a revelação não é *primo et per se* (nem pode ser reduzida a) comunicação da verdade de Deus ou do sentido da história, mas é, antes, ação histórico-salvífica, e enquanto tal tem uma dimensão social e política, também a fé não pode ser reduzida à aceitação e profissão de verdades sobre Deus

---

[13] Ibid., p. 319. "Embora haja uma paulatina purificação na conexão da história da salvação com a salvação da história, o histórico permanece como sinal vivo e lugar real da presença e da manifestação de Deus" (ibid.).

e sobre a história ou à pratica de ritos religiosos – mesmo que os implique como elementos constitutivos de seu dinamismo – nem a um ato meramente subjetivo. Enquanto entrega ao Deus que se revela salvando, a fé é *primo et per se* participação nessa mesma ação salvífica e, portanto, práxis salvífica. Enquanto práxis, tem sempre uma dimensão social e política. Aqui, especialmente, a *salvação da história* como *sinal constitutivo da história da salvação* ganha uma importância toda particular.

Nessa perspectiva, a fé, além de ser "enormemente desintelectualizada", revela-se muito mais claramente em "sua relação constitutiva e não meramente consecutiva com o amor"[14] – critério e medida até mesmo do conhecimento de Deus:

> O critério para saber que o conhecemos é este: se observarmos os seus mandamentos. Quem diz: "Eu conheço a Deus", mas não observa os seus mandamentos, é mentiroso, e a verdade não está nele. Naquele, porém, que guarda a sua palavra, o amor de Deus é plenamente realizado. Com isso sabemos que estamos em Deus. Quem diz que permanece em Deus deve, pessoalmente, caminhar como Jesus caminhou (1Jo 2,3-6).

O amor não é apenas uma consequência da fé, como se a fé fosse, sem mais, algo anterior e formalmente distinto do amor, mas, antes, aspecto, dimensão, elemento formalmente constitutivo do ato de crer. Embora a fé não seja simplesmente amor, é, também e sempre, de alguma forma, amor. E este tem sempre um caráter práxico: "Não amemos só com palavras e de boca, mas com ações e de verdade!" (1Jo 3,18).

---

[14] GONZÁLEZ, Trinidad y liberación, p. 68.

A insistência no caráter práxico da fé não põe necessariamente em risco o primado da graça nem, consequentemente, cai na tentação da autossuficiência e autossalvação humanas, como se a salvação fosse fruto de nossa ação (individual ou, na melhor das hipóteses, coletiva), antes que dom gratuito de Deus. Não se deve esquecer de que, se amamos, "nós amamos, porque ele nos amou primeiro" (1Jo 4,19), e que "o amor vem de Deus" (1Jo 4,7). Não existe, necessariamente, contradição entre a ação histórica de Deus e a ação humana. A afirmação de uma não implica a negação da outra. Pelo contrário, ambas se implicam e se remetem mutuamente. Cremos, com Jon Sobrino, que "tem sido um erro frequente situar a experiência da gratuidade no que recebemos, como se a ação fosse meramente 'obra' do homem". Antes, cremos que "o dom se experimenta como dom na própria doação",[15] ou, na formulação mais precisa de González, que "a ação humana não é, sem mais, 'obra' do homem, mas que 'o dom se experimenta como dom na própria doação', enquanto fundamento da mesma. Deste modo, a fé é atividade humana enquanto *entrega* a Deus como fundamento da própria vida".[16]

Enquanto participação na ação salvífica de Deus na história – *salvação da história*, a fé é, constitutivamente, práxis social e política. Evidentemente, não é apenas isso. Mas é também e necessariamente isso! E por uma dupla razão. Primeiro, porque, enquanto práxis humana, é necessariamente social (política no sentido amplo do termo) e política (no sentido mais restrito do termo). "A dimen-

---

[15] SOBRINO, Jon. *Cristología desde América Latina;* esbozo a partir del seguimiento del Jesús histórico. México: CRT, 1977. p. 193.

[16] GONZÁLEZ, *Trinidad y liberación*, p. 68s. Cf., a propósito: ZUBIRI, Xavier. *El hombre y Dios*. Madrid: Alianza Editorial, 2003. p. 210-222.

são política, constitutiva do homem, representa um aspecto relevante da convivência humana" (*Puebla*, n. 513). Por isso "a fé cristã não despreza a atividade política; pelo contrário, a valoriza e a tem em alta estima" (*Puebla*, n. 514). Segundo, porque "o Cristianismo deve evangelizar a totalidade da existência humana, inclusive a dimensão política. [...] A necessidade da presença da Igreja no âmbito político provém do mais íntimo da fé cristã: o domínio de Cristo que se estende a toda a vida" (*Puebla*, n. 515-516). Como bem diz Ellacuría, não se trata simplesmente do fato de o cristão ser também um cidadão – um ser histórico social e político. Trata-se, também e mais profundamente, do fato de a história social e política mesma ser "lugar da revelação – ou do ocultamento – de Deus e da plenificação do homem – ou de sua alienação".[17] Ou seja, a dimensão social e política da vida humana, em seu dinamismo próprio, tem densidade antropológica e teologal. Pertence à estrutura mais profunda da práxis humana e da práxis salvífica de Deus. Não é apenas lugar de plenificação ou de alienação da vida humana, mas também, e simultaneamente, lugar de realização ou de negação da salvação – de sua revelação ou de seu ocultamento.

De modo que tanto do ponto de vista da revelação de Deus, enquanto revelação salvífica, quanto do ponto de vista da fé, enquanto resposta à revelação salvífica de Deus, o dinamismo e as estruturas sociais e políticas da sociedade pertencem ao núcleo mesmo do Cristianismo. Não é apenas um dado factual. É também elemento constitutivo da vida cristã. E a tal ponto que sem ele não se pode falar propriamente de vida cristã – nem de fato, nem de direito.

---

[17] ELLACURÍA, Teorías económicas y relación entre cristianismo y socialismo, p. 306.

Estrutura do discurso teológico

Na medida em que a revelação e a fé cristãs têm, *de facto* e *de iure*, um dinamismo práxico – não podendo ser reduzidas a uma questão de conhecimento ou de consciência, de verdade ou de sentido, na medida em que toda práxis é, de alguma forma, *inter*-ação, portanto práxis social e política, e na medida em que a teologia cristã sempre se entendeu como intelecção da revelação e da fé cristãs, a *teologia cristã* pode ser definida como esforço e busca de intelecção da práxis salvífica de Deus na história e da participação dos crentes (e mesmo dos não crentes!) nessa mesma práxis salvífica. Ou, se se quer, como *intelecção da história da salvação e da salvação da história*, em sua intrínseca e constitutiva relação. Como intelecção da salvação histórica. Fala de Deus a partir e em vista da salvação da história (êxodo, práxis de Jesus de Nazaré) e fala da história a partir e em vista da história da salvação (Deus do êxodo, Deus de Jesus). Fala, portanto, de Deus e da história – mas sempre em sua real e constitutiva relação e sempre a partir e em vista da salvação.

Para Ellacuría e para muitos outros teólogos da libertação, o conceito que condensa e expressa melhor a totalidade da realidade que deve ser inteligida pela teologia cristã é o conceito bíblico Reinado de Deus. A teologia cristã não é intelecção de Deus, sem mais, mas *intelecção do Reinado de Deus na história*. Tem a ver com Deus e com a realização de seu Reinado na história: "inclui formalmente a Deus" e "inclui formalmente seu Reinado na história", mas "os inclui em uma unidade intrínseca",[18] que tem na vida de Jesus de Nazaré – confessado como

---

[18] Id., A teología como momento ideológico de la praxis eclesial, p. 163-185 – aqui, p. 176.

Cristo, pelos cristãos – seu critério e medida permanentes. Embora não possamos desenvolver, aqui, uma reflexão mais aprofundada e detalhada sobre a realidade e o conceito Reinado de Deus na vida de Jesus, segundo as escrituras cristãs, indicaremos com Ellacuría,[19] numa perspectiva mais sistemática e sem maiores desenvolvimentos, algumas de suas principais características:

1. O Reinado de Deus não se identifica com a Igreja nem mesmo com Jesus ou com Deus, tomados em si mesmos, à margem da salvação real da humanidade e do mundo.

2. O Reinado de Deus não é um conceito espacial nem estático, mas uma realidade dinâmica: "não é um Reino, mas um Reinado, uma ação permanente sobre a realidade histórica".

3. Tem a ver simultaneamente com Deus (Reinado *de Deus*) e com a história (*reinado* de Deus), superando toda forma de dualismo (imanência *x* transcendência, horizontalismo *x* verticalismo, profano *x* sagrado): é "a presença ativa de Deus na história e a presença da história em Deus" – "Deus conosco" em nossa história de santidade ou de pecado.

4. Trata-se, em primeiro lugar, de um Reinado *dos* pobres, *dos* oprimidos, *dos* perseguidos, "dos que sofrem realmente os efeitos do pecado do mundo, a negação do amor de Deus na negação do amor ao homem".

5. Abrange tanto a dimensão pessoal quanto a dimensão estrutural da vida. Não é "pura questão de fé e de obediência, mas é também questão de umas obras que com

---

[19] Id. Recuperar el reino de Dios: desmundanización e historización de la Iglesia. In: *Escritos teológicos II*. San Salvador: UCA, 2000. p. 307-316 – aqui, p. 313-316.

a fé estabelecem a presença objetiva de Deus entre os homens, que não apenas deve ser crido, mas que também há de ser praticado". Além do mais, não se pode esquecer o caráter dialético-conflitivo do Reinado de Deus em relação ao reinado do mal ou ao antirreinado ou, numa linguagem mais teológica, seu caráter redentor, libertador. É um Reinado em luta contra as forças do mal que oprimem e matam!

Importa, aqui, acentuar a intrínseca relação entre a salvação da história ou a práxis do Reinado de Deus e a teoria teológica.[20] Evidentemente, a teoria teológica, enquanto atividade teórica, tem um dinamismo próprio que "exige hábitos, métodos, capacidades e conhecimentos bastante específicos e desenvolvidos".[21] Mas enquanto teoria do Reinado de Deus é de alguma forma por ele conformada, promovida, potenciada, condicionada e limitada. Práxis e teoria, embora tenham dinamismos próprios e, neste sentido, tenham uma relativa autonomia, remetem-se, promovem-se e condicionam-se mutuamente. A práxis oferece à teoria a realidade que deve ser inteligida e, ademais, constitui-se em lugar de sua verificação histórica. Afinal, enquanto práxis histórica, ela deve ser, de alguma forma, historicamente verificável. A teoria, por sua vez, remete-se duplamente à práxis: seja na medida em que recebe dela a realidade que deve ser inteligida, seja na medida em que tem ou procura ter incidência sobre ela.

De uma forma ou de outra, seja enquanto intelecção da práxis histórica do Reinado de Deus, seja enquanto uma atividade específica entre outras, a teologia cristã é,

---

[20] Cf. Id. Relación teoría y praxis en la teología de la liberación. In: *Escritos teológicos I*, p. 235-245.

[21] Ibid., p. 241.

constitutivamente, uma teologia social e política. O caráter práxico da relação *teologia e política* pertence, portanto, à estrutura mesma do discurso teológico. E num duplo sentido.

Primeiro, por causa do caráter social e político da práxis do Reinado de Deus que ela procura inteligir. Por um lado, essa práxis acontece em uma realidade social e política. Por outro, ela tem incidência e repercussão nos processos sociais e políticos, conforme vimos nos itens anteriores – mesmo se não usamos explicitamente a expressão Reinado de Deus.

Segundo, por causa do caráter social e, mesmo, político da teologia enquanto atividade teórica. O caráter social da teoria teológica (política, no sentido amplo do termo) é facilmente perceptível e verificável: (a) é um momento da práxis social/eclesial, uma atividade em interação com outras atividades; (b) está inserida numa tradição práxico-teórica de mais de dois mil anos; (c) é condicionada e possibilitada por uma práxis, uma língua, uns problemas e umas soluções prático-teóricos que têm sempre, mais ou menos, uma dimensão social; (d) tem como objetivo fundamental o fortalecimento e a eficácia da práxis do Reinado de Deus na sociedade; (e) legitima ou deslegitima uns interesses e umas práticas na sociedade e na Igreja – mais ou menos conscientes, entre outros. Já o caráter propriamente político da teoria teológica (no sentido restrito do termo) não é tão facilmente perceptível, o que não significa que não seja real. Basta considerar as reações contra ou a favor que uma determinada teologia produz nas principais forças política da sociedade. Tomemos como exemplo a reação dos governos dos Estados Unidos e de Cuba diante da Teologia da Libertação na

América Latina na década de 1980. O documento *Uma nova política interamericana para os anos 80*, elaborado por um grupo de assessores de Ronald Reagan para o Conselho Interamericano de Segurança dos Estados Unidos, diz expressamente: "A política exterior dos EUA deve começar a enfrentar (e não simplesmente reagir posteriormente) a Teologia da Libertação, tal como é utilizada na América Latina pelo clero da 'teologia da libertação'".[22] Por sua vez, o presidente Fidel Castro afirmou expressamente a Dom Pedro Casaldáliga, bispo profeta da Igreja dos pobres no Mato Grosso, por ocasião de sua visita à Nicarágua, Cuba e El Salvador em 1985: "A teologia de vocês ajuda a transformação da América Latina mais que milhões de livros sobre marxismo".[23] E isso vale, em geral, mais ou menos, para as diversas teologias – no passado e no presente. Pelo menos na medida em que abordam – legitimando ou deslegitimando – as questões sociais. Mas, mesmo quando tratam de questões aparentemente pouco políticas, não são completamente desprovidas de densidade política – como indicam, por exemplo, as discussões acerca das implicações do monoteísmo religioso na estruturação dos regimes políticos absolutistas ou, em todo caso, da utilidade política de determinadas imagens de Deus (rei, onipotente, etc.).

De modo que o caráter real e práxico da relação teologia e política, além de ser um fato historicamente constatável e verificável, pertence ao dinamismo mesmo da revelação, da fé e da teologia cristãs. Não se trata, portanto, de um acidente de percurso, de um desvio a ser corrigi-

---

[22] COMITÊ DE SANTA FÉ. Documento secreto da política de Reagan para a América Latina. *Vozes* 75/10 (1981) 755-756 – aqui, p. 755.

[23] CASALDÁLIGA, Dom Pedro. *Nicarágua;* combate e profecia. Edição completa com os anexos sobre Cuba e El Salvador. Petrópolis: Vozes, 1986. p. 172.

do. Trata-se de um elemento constitutivo do Cristianismo – sem o qual sua realização histórica ficaria gravemente comprometida, quando não impossibilitada. Isso não significa que se possa reduzir a revelação, a fé e a teologia ao que elas têm de social e político, nem mesmo supervalorizar o social e político em detrimento de outros aspectos ou dimensões. Menos ainda significa que a práxis e a teoria, social e política, dos cristãos e das Igrejas cristãs sejam, sem mais, legítimas, éticas e cristãs. Significa, simplesmente, reconhecê-los e reafirmá-los como aspectos ou elementos constitutivos de seu dinamismo e, portanto, como imprescindíveis em sua realização histórica.

Relação teologia e política

A teologia cristã é, como vimos, constitutivamente, uma teologia social e política. Seja porque os cristãos e suas Igrejas são, de fato, realidades sociais e políticas; seja porque a experiência de e o discurso sobre Deus dos cristãos estão radical e definitivamente condicionados e configurados pelo acontecimento histórico da libertação de Israel e pela práxis histórica de Jesus de Nazaré; seja porque a fé cristã, enquanto entrega ao Deus do êxodo, ao Deus de Jesus de Nazaré, é participação na mesma práxis salvífica na qual e através da qual Deus se deu a conhecer; seja, enfim, porque a teologia, enquanto intelecção da práxis do Reinado de Deus e enquanto atividade teórica específica, é uma atividade social e política.

Mas o fato de ser social e política não significa que seja só isso nem mesmo, em todas as circunstâncias, primordialmente isso. Além do mais, nem todas as formas práticas e teóricas de efetivar e entender o caráter social e político da teologia faz *jus* ao dinamismo e à totalidade da realidade da fé cristã. Daí que seja necessário discernir nos diversos contextos e nas diversas situações qual a forma mais adequada e mais eficiente de praticar e entender o dinamismo social e político da fé.

No texto "Teologia da Libertação diante da mudança sócio-histórica na América Latina",[24] Ellacuría faz (A) um esboço tipológico de algumas atitudes ou posições e disposições dos cristãos e das Igrejas cristãs acerca da efetivação e compreensão do caráter social e político da fé para, a partir daí, esboçar (B) alguns modelos prático-teóricos de relação da teologia com os movimentos sociais e políticos.

Atitudes em vista da efetivação da dimensão sociopolítica da fé

Ellacuría fala de quatro tipos de posição e disposição adotados pelos cristãos e suas Igrejas para tornar efetiva a libertação social e política que a fé exige.

Moralismo ingênuo

O primeiro tipo é o *moralismo ingênuo*. Não nega as implicações sociais e políticas da fé, mas se recusa a "sujar as mãos" com as práticas sociais políticas concretas por não corresponderem plenamente à perfeição almejada pela fé. Limita-se, por isso, a exigências e declarações abstratas, gerais, universais. No extremo, tende a "reduzir a função da libertação estritamente cristã à conversão dos corações e à proclamação de ideais abstratos"

---

[24] ELLACURÍA, Teología de la liberación frente al cambio socio-histórico en América Latina, p. 317ss. A partir de agora, os números entre parênteses, sem outra indicação, referem-se a este texto.

(p. 318). Acentua a diferença entre o dinamismo da fé e o dinamismo social e político, mas acaba negando sua constitutiva e necessária interação. "Tratam-se de duas coisas distintas, duas coisas que têm relação, mas esta relação se estabelece mais em termos de paralelismo que de mútua determinação e, em alguns casos, de interação" (p. 318).

Fanatismo fundamentalista e simplismo messiânico

O segundo tipo é *o fanatismo fundamentalista e o simplismo messiânico*. Pensa que a fé é suficiente para entender e transformar a realidade e que, por isso, não necessita de outras mediações teóricas e práticas. Supõe, ademais, que "existe uma solução especificamente cristã para os problemas políticos, econômicos e sociais" (p. 318). Basta a fidelidade ao Evangelho. Existe, aqui, "uma fé cega na bondade da própria atitude e posição e uma segurança messiânica do triunfo. O importante é que não se apague o fogo, que não se extinga a esperança nem a paixão" (p. 319). Acentua-se, certamente, o caráter social e político da fé, sua eficácia histórica, mas perde de vista a complexidade da realidade e de seu processo de transformação, supervaloriza a fé e prescinde (!?) dos demais elementos e forças sociais.

Reducionismo

O terceiro tipo é *o reducionismo*. A fé acaba sendo reduzida à sua dimensão social e política. Seja na medida em que toda atenção se volta para os aspectos da fé que têm implicações sociais e políticas mais diretas, seja na medida em que a fé é tratada como uma espécie de "propedêutica da ação política", ou, quando muito, "como motor acessório do compromisso" (p. 319). O que importa mesmo é a libertação social e política. Quando não, a ação de uma organização social ou política concreta. A fé deve estar subordinada a ela. Se ajuda, ótimo. Se, de alguma forma, critica ou atrapalha, deixa-se. Há, aqui, um reducionismo da fé à sua dimensão social e política e uma subordinação da fé à efetividade das lutas sociais políticas – como se ela não pudesse exercer, aí, de alguma forma, uma função crítica.

Realismo

O quarto tipo é *o realismo*. Por um lado reconhece e respeita a especificidade tanto da fé quanto das atividades propriamente políticas. Procura identificar a contribuição e os limites da fé na ação propriamente política, assim como a contribuição e os limites da ação política na realização do Reinado de Deus. Afirma que "a mensagem evangélica é indispensável para que haja uma libertação total dos homens, dos povos e das estruturas" (p. 320s). Mas afirma também que "não basta a mensagem evangélica, porque esta não tem armas próprias nem para discernir as causas da opressão e as propostas de libertação, nem, menos ainda, para levá-las a cabo" (p. 321). Por outro lado, e consequentemente, insiste no fato de que "nenhuma forma política se acomoda perfeitamente às exigências do Reino, mas nem por isso iguala todas as formas políticas ou prescinde de todas elas em razão de um purismo que não tem sentido em um mundo histórico" (p. 321). Por isso mesmo procura "potencializar ao máximo a força libertadora da fé", superar as "atitudes ingênuas", discernir permanentemente os "sinais dos tempos" e criar formas de colaboração nos processos de libertação, as quais podem ser diversas para a Igreja como instituição e para os crentes, especialmente os leigos, que desejam se comprometer diretamente com determinadas linhas políticas ou mesmo com determinados partidos e organizações concretas (p. 321).

Para Ellacuría, essa é a forma mais adequada e apropriada para "ir encontrando o modo concreto mais efetivo de conciliar a autonomia da fé com a exigência irrecusável de que essa fé promova eficazmente a justiça e a libertação" (p. 322).

Modelos de relação teologia *e* política

Dependendo da atitude adotada ou do predomínio de uma ou outra atitude na efetivação da dimensão social e política da fé, acaba-se assumindo um determinado modelo prático-teórico de relação com os movimentos sociais e políticos. Ellacuría identifica três modelos-tipos, em torno dos quais se pode esquematizar uma série de comportamentos: modelo de substituição ou de anulação, modelo de prestação de serviço e de apoio e modelo de colaboração social.

Modelo de substituição ou de anulação

No *modelo de substituição ou de anulação*, o fundamental e decisivo é a libertação social, política e econômica. Tudo mais é relativizado e a ela subordinado. A fé vale e deve ser cultivada na medida e na proporção que serve à luta social e política. "Quando se trata da sobrevivência, as demais coisas, inclusive as coisas da fé, podem esperar" (p. 323). Ademais, não se pode esquecer que o mandamento maior e mais fundamental é o amor ao próximo (cf. Jo 15,13) e que se pode servir a Deus servindo aos pobres, mesmo que não se tenha consciência disso (Mt 25,31-45). Nesta perspectiva, pode chegar o momento em que se faça necessário "romper com a Igreja institucional" e até mesmo "abandonar o cultivo da fé, na medida em que esse cultivo possa impedir ou frear a luta revolucionária" (p. 324). Se existir algum conflito ou incompatibilidade entre as estratégias de luta de uma determinada organização social ou política e as exigências e o dinamismo da fé, são estes que devem ser sacrificados. A luta social e política é o mais fundamental, o mais urgente e o mais decisivo. A fé deve estar a serviço da luta, ajudar a despertar e formar bons quadros para a luta social e política. Isso supõe "uma plena subordinação da organização eclesial [...] à organização política e a subordinação da fidelidade à instituição eclesial à fidelidade ao movimento revolucionário, e pode chegar a supor a substituição da vivência e dos valores cristãos pela vivência e pelos valores políticos" (p. 324). A fé e a comunidade eclesial podem acabar sendo reduzidas a um instrumento, mais ou menos útil ou oportuno, da luta social e política, a um estágio de transição (despertar da consciência) para a luta ou a uma escola de formação de quadros para a luta social e política.

Modelo de prestação de serviço e de apoio

No *modelo de prestação de serviço e de apoio*, a fé não é reduzida à sua dimensão social e política nem subordinada a uma determinada organização social ou política. Aqui se mantém a "autonomia da fé" diante dos processos sociais e políticos da sociedade; procura-se dinamizá-la em seus vários aspectos ou dimensões e, como uma de suas tarefas, procura-se colocar a serviço dos movimentos sociais e políticos. A fé não existe, simplesmente, para "promover a luta pela justiça", mas esta é uma de suas tarefas principais. E sua efetivação só é possível através de "algum dos movimentos políticos, aos quais se ajuda religiosa e politicamente e diante dos quais se limita o que de crítica possa ter a fé" (p. 325). Não se subordina necessariamente a fé a uma organização política, uma vez que a opção política (pessoal, grupal ou institucional) nasce no seio da fé, como uma exigência histórica de sua realização. No entanto, não se valoriza muito "o que a fé e mesmo a instituição eclesial podem fazer autonomamente em favor dos pobres e da revolução. Prefere-se potenciar as forças que realmente podem tomar o poder ou manter-se nele, perdoando aquelas debilidades que a luta política pelo poder leva necessariamente consigo" (p. 325). Não se reduz a fé à luta social e política, mas acaba-se reduzindo a luta social e política à luta das organizações sociais e políticas, como se a fé e a comunidade eclesial não pudessem realizar sua dimensão social e política por outros caminhos que não os movimentos sociais e políticos. Além do mais, perde, muito facilmente, a capacidade crítica diante de tais organizações ou movimentos. A relação com eles acaba se reduzindo a uma relação "prestação de serviço e de apoio".

Modelo de colaboração social

Já *o modelo de colaboração social*, por sua vez, fundamenta-se na especificidade e nos limites da fé e da comunidade eclesial diante dos diversos processos e organizações sociais e, sobretudo, políticos da sociedade. O específico da fé e da instituição eclesial é a realização histórica do Reinado de Deus, que, por sua vez, tem uma dimensão social e política. Mas não se esgota no social e no político. De modo que a fé e a Igreja não podem se esgotar no social e político. Seu específico "não é a promoção daqueles aspectos políticos e técnicos, necessários para a realização do Reino de Deus na história, mas que não esgotam a constituição do Reino nem são possibilidade imediata para o crente enquanto crente ou para a Igreja enquanto Igreja" (p. 236). Mas se a fé e a Igreja têm uma especificidade e uma tarefa próprias e, neste sentido, distinguem-se de outros dinamismos e de outras organizações, não são completamente independentes de outros dinamismos e de outras organizações sociais, nem são autossuficientes. Têm uma missão que extrapola seus meios e suas possibilidades de atuação. A fé, enquanto fé, a Igreja, enquanto Igreja, não dispõem dos meios necessários para a realização do Reinado de Deus na história. Daí que não possam, sem mais, identificar-se com determinados aspectos ou organizações, nem prescindir deles.

Por um lado, têm como meta e missão o Reinado de Deus na história. E este diz respeito à história em sua totalidade, abrange todos os seus elementos, processos e estruturas: "que Deus seja tudo em todos" (1Cor 15,28), que o Reinado de Deus, por Jesus proclamado e realizado, seja "tudo e [esteja] em todos" (Cl 3,11), que o céu novo e a terra nova, o universo renovado, se tornem realidade (cf. Ap 21) constitui, propriamente, o específico da fé e da Igreja. Por isso elas não podem ser reduzidas a um aspecto ou a uma dimensão da vida – por exemplo, a dimensão social e política. Isso não significa descomprometer-se historicamente nem cair em universalismos abstratos. Significa, simplesmente, reconhecer que sua tarefa não se esgota nas questões sociais e políticas. Envolve, também, aspectos pessoais, culturais, eclesiais, transcendentes etc. Consequentemente, a fé e a Igreja têm um dinamismo diferente (não contrário!) dos dinamismos sociais e políticos e das organizações sociais e políticas da sociedade. Os dinamismos e as organizações sociais e políticos dizem respeito à fé e à Igreja na medida em que "favorecem ou desfavorecem" a realização do Reinado de Deus.

Por outro lado, o Reinado de Deus, na medida em que abrange a história em sua totalidade, vai sendo, objetivamente, afirmado ou negado nos diversos processos de estruturação da vida humana. Daí que eles não possam ser irrelevantes para a fé e para a Igreja. São a mediação e o lugar objetivos da realização do Reinado de Deus – meta e missão da Igreja. E assim como a fé e a Igreja têm sua especificidade e uma relativa autonomia diante dos demais processos e das demais organizações, também estes têm uma especificidade e uma relativa autonomia diante da fé e da Igreja. Autonomia, na medida em que são processos e organizações distintos – com objetivos, dinamismos e instituições próprios. Mas relativa autonomia, na medida em que interagem com outros processos e organizações e, de alguma forma, condicionam-se mutuamente. Importa, aqui, insistir no fato de a fé, enquanto fé, a Igreja, enquanto Igreja, não disporem dos meios necessários para a realização dos aspectos econômicos e políticos – nem mesmo dos aspectos culturais e sociais do Reinado de Deus. Eles têm dinamismos próprios, diversos e autônomos em relação à fé e à Igreja.

De modo que a fé e a Igreja nem podem abrir mão de sua especificidade e de sua missão própria, sob pena de perderem sua razão de ser, nem podem fechar-se autossuficientemente sobre si mesmas, sob pena de tornarem sua especificidade e missão inoperantes e inviáveis.

Na história da salvação se conjugam, para o bem e para o mal, os dinamismos da história e os dinamismos da salvação. Existe uma unidade estrutural entre eles, de modo que se codeterminam mutuamente, a ponto de essa unidade, mais do que os elementos que a constituem, ser o Reino de Deus, a história da salvação. Mas isso não obsta para que esses elementos sejam distintos e necessitem permanecer distintos para que a unidade tenha a riqueza e a autenticidade que lhe correspondem (p. 327).

Daí a necessidade de a fé e a Igreja interagirem e colaborarem – a modo de fermento, sal, luz – com os diversos processos e dinamismos da vida humana, de modo que possam ir sendo configurados na força e no dinamismo do Reinado de Deus (1Cor 4,20). No que diz respeito aos processos e às organizações sociais e políticas, as formas de interação e colaboração podem ser diversas. Tanto em relação aos processos sociais e políticos quanto em relação à atuação dos cristãos e da instituição eclesial.

Em primeiro lugar, não se pode identificar, sem mais, o compromisso social e político da fé e da Igreja com a atuação em organizações sociais e políticas, menos ainda em uma determinada organização.[25] Por mais que as organizações sociais e políticas sejam um lugar privilegiado de realização dos aspectos social e político do Reinado de Deus, não são os únicos. A educação, a pregação, a vivência comunitária, entre outros, *podem* ser também lugares eficazes de vivência da dimensão social e política da fé. Como insiste Ellacuría, "há ou pode haver uma eficácia autônoma da Igreja na configuração do social" (p. 329)

---

[25] A propósito da participação dos cristãos na política partidária, cf.: VV. AA. *Cristãos;* como fazer política. Petrópolis: Vozes, 1989.

e, indiretamente, do político. A atuação de Dom Oscar Romero em El Salvador, as CEBs e as Pastorais e Organismos Sociais da Igreja Católica do Brasil, entre outros, são sinais dessa possibilidade. Só um reducionismo simplista da complexidade do dinamismo social e político e uma "desconfiança na eficácia histórica da fé" (p. 330) podem levar a uma absolutização das organizações sociais e políticas, como único lugar eficaz de realização dos aspectos sociais e políticos do Reinado de Deus.

Em segundo lugar, é preciso distinguir entre a atuação social e política dos cristãos, individualmente considerados, e a atuação social e política de comunidades cristãs específicas, sobretudo do conjunto da Igreja, institucionalmente considerada. O fato de um cristão ou uma comunidade cristã concreta optar, livremente, por apoiar ou trabalhar diretamente com uma determinada organização social ou política não significa que toda a comunidade, menos ainda, toda a Igreja, tenha de apoiar ou trabalhar diretamente com essa organização. A Igreja, em seu conjunto, não pode se identificar com uma organização específica – por mais compatível e eficaz que seja em vista de sua missão. O que não significa que possa ser indiferente aos diversos processos e organizações sociais e políticos. Além do mais, existem circunstâncias ou situações que exigem da Igreja, em seu conjunto, uma postura a favor ou contra. Por exemplo: a ditadura militar, a estrutura agrária do país, UDR x MST, o agronegócio, a corrupção política etc. Mas mesmo aí a forma de ser contra e a favor pode ser diversa.

Em terceiro lugar, junto à distinção entre a ação social e política dos cristãos e a ação social e política da instituição eclesial, convém destacar o caso particular dos que na Igreja exercem o ministério de coordenação ou presidência. Seja através do ministério ordenado (bispo, presbítero, diácono), seja através do ministério reconhecido e legitimado pela comunidade eclesial (coordenadores de comunidades, de Pastorais e Organismos eclesiais, coordenações e conselhos Pastorais). Dada sua estreita e particular relação com o dinamismo institucional, devem cuidar para que sua forma e lugar de atuação social e política, por mais legítimos que sejam, não se imponham nem sejam identificados, sem mais, como a forma e o lugar de ação da instituição. Além do mais, na medida em que assumem o serviço de coordenação ou presidência eclesial, assumem o compromisso de se dedicarem, de um modo todo especial, ao dinamismo e à eficácia institucional da comunidade eclesial. Daí a tendência de muitos cristãos a pensar que os(as) que assumem a tarefa de coordenação ou presidência eclesial não devem, em princípio, assumir a coordenação de outras forças sociais e, sobretudo, políticas.

Em quarto lugar, vale a pena distinguir entre os processos e organizações mais propriamente sociais (política no sentido amplo) e os processos e organizações mais propriamente políticos (poder de governo). Para Ellacuría, a instituição eclesial tem mais a ver com o social do que com o político. "A instituição eclesial é e deve ser uma força que se move direta e formalmente no âmbito do social e não no âmbito do estatal e que lança mão do poder social e não do poder político para realizar sua missão" (p. 228s). Isso se justifica tanto pelo "caráter social e não político da instituição eclesial" quanto pelo "caráter mais real" e "mais participativo" do social, quanto, ainda, pelo fato de representar "uma tentação menor para a Igreja" na realização de sua missão. Isso não significa renunciar ao caráter e à eficácia estritamente políticos da fé, mas realizá-los a partir do lugar e do dinamismo mais natural da instituição eclesial – através "da pressão social, através da palavra e do gesto, e não do manejo do poder político" (p. 329). "Tudo isso repercutirá ultimamente na esfera do político, sobre a qual se deve pressionar como força social e através das forças sociais" (p. 331).

A modo de conclusão

A relação *teologia e política* pertence, portanto, à estrutura mesma da revelação, da fé e da teologia cristãs. Para além de um dado de fato, facilmente constatável e verificável, é um elemento ou aspecto constitutivo do dinamismo cristão. E a tal ponto que, sem ele, a realidade e o dinamismo cristãos (a realização histórica do Reinado de Deus) ficariam não apenas gravemente comprometidos, mas seriam mesmo impossibilitados. De modo que, do ponto de vista cristão, trata-se de algo vital, imprescindível.

O problema reside nas formas práticas e teóricas de articulação e interação entre teologia e política. Por sua própria natureza, a teologia cristã não pode ser reduzida à política nem pode prescindir da política. É uma teologia política, sim; mas não é política, sem mais. Por sua vez, a política tem seus dinamismos e suas instituições próprias. Mas esses nem são "naturais", nem são neutros. São produtos da práxis humana – individual e/ou institucional – e estão a serviço de certos interesses. Interesses que dizem respeito aos cristãos e às Igrejas cristãs. E não apenas enquanto membros da sociedade ou enquanto força social, mas também na medida em que objetivam ou negam a objetivação do Reinado de Deus na história.

Daí que não possam apenas ser indiferentes aos processos e organizações sociais e políticos da sociedade, mas tenham de agir – dentro de seus limites, de suas possibilidades e de seu dinamismo próprio – de modo a *fermentar* esses mesmos processos e essas mesmas organizações com o dinamismo e a força do Reinado de Deus (1Cor 4,20). E isso sem negar a especificidade e a relativa autonomia da fé e da instituição eclesial diante de outros aspectos e forças sociais e políticas, nem a especificidade e a relativa autonomia dos processos e organizações sociais e políticos diante da fé e da instituição eclesial.

Capítulo III

PRÁXIS CRISTÃ EM TEMPOS DE GLOBALIZAÇÃO[1]

Em sua glosa à oração do 11º Intereclesial das CEBs, afirma Pedro Casaldáliga:

> A fé se vive num lugar determinado [...], numa hora, num tempo concreto, na história real, sendo um povo com identidade, enfrentando umas situações, lutando sempre a favor da justiça e da paz e contra os sistemas e poderes da injustiça e da morte [...]. Não podemos fugir nem da geografia nem do calendário. O mistério da Encarnação que professamos [...] devemos vivê-lo "encarnando" nossa fé.[2]

Duas afirmações fundamentais: 1. "Não podemos fugir nem da geografia nem do calendário" – somos seres históricos, "encarnados"; 2. Como cristãos, seguidores de Jesus Cristo, devemos viver nessa história real e 'concreta "'encarnando' nossa fé". Daí a necessidade e o desafio permanente de *conhecermos* bem a realidade em que estamos inseridos (seu dinamismo, estruturação, suas tendências, forças etc.) e de *agirmos* nesta realidade de tal modo que ela vá sendo configurada na força e no dinamismo do Reinado de Deus (1Cor 4,20).

---

[1] Publicado na REB 266 (2007) 280-304.

[2] CASALDÁLIGA, Pedro. Orando e caminhando. In: Texto-base do 11º Intereclesial das CEBs. *CEBs;* espiritualidade libertadora. Seguir Jesus no compromisso com os excluídos. Belo Horizonte: Lutador, 2004. p. 180-183 – aqui, p. 181.

Nesta perspectiva é que abordaremos, neste capítulo, uma das principais características ou um dos principais dinamismos da atual estruturação da sociedade – seu caráter global ou mundial – e suas implicações e desafios para a práxis cristã. Num primeiro momento procuraremos compreender em que sentido se pode falar de uma sociedade global e quais as principais características do atual processo de globalização da vida social. Num segundo momento nos defrontaremos com os desafios de viver a fé nesta sociedade global ou mundial.

Uma sociedade global ou mundial

Globalização e mundialização são expressões frequentemente usadas para descrever o atual processo de configuração das relações sociais no planeta. Certamente, são expressões cuja abrangência (economia, política, cultura, meio ambiente etc.), novidade (algo absolutamente novo, nada de novo), sentido (pluralismo, imperialismo, possibilidades, riscos etc.) e avaliação ético-religiosa (mais positiva ou mais negativa) dependem de quem as usa e dos interesses que procura legitimar.

Em todo caso, é cada vez mais crescente a consciência do aprofundamento e da complexificação do processo de interdependência global das relações sociais. Como afirma Antonio González, não se trata simplesmente de um aprofundamento do processo de *internacionalização* em curso, sobretudo a partir do século XV, com a colonização europeia, enquanto estreitamento das relações entre determinados povos ou nações. Trata-se de uma *globalização* em sentido estrito, na qual "as estruturas dos indivíduos e dos grupos no 'interior' de cada 'nação' estão *constitutivamente* afetadas por fatores globais".[3] Nas palavras de Franz Hinkelammert: "O mundo se tornou global [...]. Nós fomos globalizados, queiramos ou não".[4] E não se trata, como veremos, simplesmente de uma globalização da economia, embora não se possa negar o peso decisivo que as atividades preponderantemente econômicas desempenham no processo de globalização em curso e, possivelmente, em qualquer processo de estruturação da vida social.

Mas em que sentido podemos afirmar que as relações sociais se tornaram globais? Como compreender o caráter e a dimensão globais das relações sociais? Antes de abordarmos algumas das principais características da configuração da atual sociedade global, detenhamo-nos um pouco nesta questão.

A globalização das relações sociais

Embora tenha se tornado comum a afirmação de que vivemos em um mundo global ou em uma aldeia global, a explicitação teórica desse fenômeno não é tão simples como pode parecer à primeira vista. Seja porque, positivamente, trata-se de algo relativamente novo, das últimas décadas, seja porque, negativamente, as "principais" teorias do nexo ou vínculo social em voga parecem incapazes de conceituar a sociedade global.

Como bem adverte Antonio González,[5] a compreensão do *nexo ou vínculo social* a partir do *sentido* (Max

---

[3] GONZÁLEZ, Antonio. Orden mundial y liberación. *Estudios Centroamericanos - ECA* 549 (1994) 629-652 – aqui, p. 636.

[4] HINKELAMMERT, Franz. A globalização como ideologia encobridora que desfigura e justifica os males da realidade atual. *Concilium* 37 (2001) 686-696 – aqui, p. 686 e 689.

[5] Cf. GONZÁLEZ, Orden mundial y liberación, p. 638s.

Weber, sociologia fenomenológica, sociologia do conhecimento e parte da etnometodologia), da *divisão social do trabalho* (Durkheim, marxismo clássico) ou da *linguagem* (Habermas) são insuficientes para conceituar o fenômeno da mundialização das relações sociais. E por razões muito claras:

1. Não obstante o processo de uniformização cultural em marcha, não se pode afirmar, sem mais, a existência de uma comunidade mundial de sentido na qual, de alguma forma, tomam parte todos os povos do planeta. A pluralidade cultural no mundo não permite, sem mais, conceituar a mundialização como a constituição de uma "comunidade de sentido", na qual todos os povos do planeta partilhariam de um mesmo universo de sentido.

2. Embora o vínculo laboral seja mais amplo e mais radical do que o vínculo semântico e tenha a vantagem de explicitar a relevância e mesmo preponderância dos interesses econômicos no processo de unificação do mundo, é também insuficiente para conceituar o mundo globalizado. Ele não dá conta do contingente sempre mais crescente de pessoas e, mesmo, de amplas regiões excluídas do mercado de trabalho – pessoas e regiões que já nem servem, ao menos, para ser exploradas e que, no entanto, pertencem à sociedade global.

3. A compreensão do vínculo social enquanto "ação comunicativa", entendida, antes de mais nada, como "ação linguística", nos seus mais diversos estágios evolutivos – pré-convencional, religioso ou filosófico e pós-convencional –, é também incapaz de conceituar a sociedade global, uma vez que todos os povos do planeta não estão no mesmo estágio linguístico, no mesmo nível

de racionalidade discursiva.[6] A diversidade de "comunidades linguísticas" no mundo, isto é, a existência de povos que se encontram nos mais diferentes estágios de racionalidade discursiva, impossibilita, simplesmente, falar de uma sociedade mundial.

De modo que, para se conceituar adequadamente a sociedade global, é preciso encontrar um âmbito de realidade mais radical e mais abrangente do que o "sentido", a "linguagem" e a "divisão social do trabalho". Não se trata de negar essas realidades nem sua relevância – maior ou menor – no processo de globalização das relações sociais. Trata-se, simplesmente, de perceber que as relações sociais são mais amplas e complexas e que não podem ser reduzidas a alguns de seus elementos.

No esforço de superar tanto as tendências subjetivistas (hermenêuticas) como as tendências objetivistas (funcionalistas e estruturalistas) que têm dominado a sociologia, Anthony Giddens, com sua "teoria da estruturação",[7] tem conduzido a reflexão sobre a constituição da sociedade para a análise "ação social humana" no tempo e no espaço.[8] A *ação social humana* tem a ver com *poder* de intervir no curso dos acontecimentos, de influenciar/alterar determinados processos ou situações, de produzir/estabelecer uma diferença em relação a situações

---

[6] "A redução do nexo social a nexo linguístico conduz Habermas a conclusões semelhantes às do velho Aristóteles. Também para este, a comunicação por excelência é linguística e a convivência social plena se realiza no *logos* dos gregos. Os que não o possuem, quer dizer os bárbaros, por mais que sejam contemporâneos e trabalhem na mesma *polis* como escravos, não têm um vínculo social pleno com os gregos. A sociedade propriamente dita só se alcança, tanto para Habermas quanto para Aristóteles, quando se alcança um mesmo nível de racionalidade discursiva" (Ibid., p. 639).

[7] GIDDENS, Anthony. *Die Konstitution der Gesellschaft;* Grundzüge einer Theorie der Strukturierung. Frankfurt/ New York: Campus Verlag, 1995.

[8] Ibid., p. 52.

ou processos existentes[9] – independentemente do fato de se ter consciência ou não dos resultados da ação. As ações humanas, diz González, relacionando a teoria de Giddens com a filosofia de Zubiri, "já começam a ser sociais quando em sua estrutura interna os outros se fazem presentes, mesmo que não haja consciência deles [...] A convivência humana se inicia já onde há atualidade dos demais na própria atividade, permitindo ou impedindo o acesso às coisas".[10] Há sociedade sempre que indivíduos ou grupos estão, de alguma forma, *afetados* por outros indivíduos ou grupos. Nessa perspectiva, pode-se falar de relação ou vínculo social, por exemplo, entre uma comunidade rural que utiliza leite em pó e os produtores da Nestlé; ou entre determinado centro de inovação tecnológica e um grupo de trabalhadores que perdeu seu posto de trabalho com a chegada de equipamentos modernos de produção; ou entre os organismos financeiros internacionais e os moradores das favelas privados do acesso aos recursos públicos utilizados para o pagamento de juros da "dívida pública" etc. E não obstante a enorme distância geográfica e cultural entre ambos os grupos e independente do fato de se ter ou não consciência desse vínculo social.

Esta forma de compreender o nexo ou vínculo social, isto é, o processo de constituição da sociedade, além de mais ampla e mais radical que o sentido, a linguagem e a divisão social do trabalho (elementos da ação humana), parece bem mais adequada e capacitada para compreender o estágio mundial ou global das relações sociais. Falar de sociedade global ou mundial, em tal perspectiva, significa falar do estágio de interdependência e complexifi-

---

[9] Ibid., p. 65ss

[10] GONZÁLEZ, Orden mundial y liberación, p. 640.

ção mundiais das relações sociais, o que dá à ação humana um poder de alcance mundial (prescindindo, aqui, de avaliações ético-teológicas e da radical assimetria no poder de ação das diversas pessoas e dos diversos grupos), independentemente da consciência que se tenha desse fato. E tanto por parte de quem age (não é preciso, por exemplo, que o dono de uma grande empresa de camarão saiba que uma determinada criança morreu de fome porque com a construção dos viveiros de camarão seus pais perderam sua fonte de trabalho e renda), quanto por parte de quem sofre a ação (não é necessário, por exemplo, que os jovens de uma comunidade rural no nordeste brasileiro conheçam os Estados Unidos ou algum jovem estadunidense para que sejam influenciados por sua cultura musical e alimentar, não é necessário nem mesmo saber que se trata de costume estadunidense). As ações humanas (individuais, coletivas, institucionais) são muito mais complexas e têm um poder de alcance muito mais amplo do que pode parecer à primeira vista.

E não se trata de ações meramente econômicas – mesmo que as atividades preponderantemente econômicas possam ser mais relevantes e decisivas.

Primeiro, porque, em sentido estrito, não existe ação *meramente* econômica. O que existe, na linguagem gonzaleana,[11] são "ações concretas" constituídas por "aspectos ou momentos" econômicos (produção e distribuição de bens de utilidade), sociopolíticos (instituições sociais de controle) e cultural-ideológicos (atividades teóricas [ideologia, ciência-tecnologia] que se ocupam de fazer compreensível e racional o conjunto

---

[11] Id. *Introducción a la práctica de la filosofía*. Texto de iniciación. San Salvador: UCA, 2005. p. 255-272.

da práxis social). Mesmo que em uma *determinada ação* um *determinado momento ou aspecto* seja preponderante, ele nunca existe completamente desvinculado e independente dos outros momentos ou aspectos. E desde as ações cotidianas mais simples às ações institucionais mais complexas. Assim, por exemplo, a simples ação de fazer uma "compra no mercado" não pode ser reduzida a uma ação puramente econômica. Ela envolve dimensões sociais (relação de classes), políticas (uso de uma moeda nacional cunhada por um Estado concreto) e culturais (conhecimentos aritméticos mínimos, aceitação comum da moeda e do mercado como meio e âmbito de intercâmbio).[12]

Segundo, porque, como afirma Otfried Höffe, as mudanças econômicas dependem de decisões políticas, de inovações tecnológicas e de mudança de mentalidade. Ele chega, mesmo, no caso da globalização, a afirmar a primazia do político sobre o econômico. Afinal, "a globalização não é um fenômeno natural que, como a força da gravidade, acontece sem a vontade dos seres humanos ou até contra a vontade deles".[13] Importa, aqui, em todo caso, afirmar que a mundialização ou globalização não pode ser reduzida ao seu aspecto ou momento econômico, mesmo que se reconheça sua preponderância sobre os demais aspectos ou momentos.

Na realidade, a globalização ou mundialização da sociedade é um fenômeno complexo que abrange aspectos

---

[12] Ibid., p. 264. "Trata-se sempre de uma unidade primária e radical, na qual não se pode pensar a economia sem instituições e sem ideologia, assim como tampouco existem instituições sem uma concreta organização econômica e ideológica ou elaborações culturais sem apoio econômico e fundamento institucional" (Ibid.).

[13] HÖFFE, Otfried. *Demokratie im Zeitalter der Globalisierung*. München: C. H. Beck, 1999. p. 18.

ou momentos preponderantemente econômicos (comércio mundial, especialmente o mercado financeiro, etc.), políticos (organismos e instituições internacionais etc.), culturais/ideológicos (revolução tecnológica, meios de comunicação, imperialismo cultural, religiões, ONGs, Fórum Social Mundial, movimentos antiglobalização etc.) e ambientais (limite dos recursos naturais, desequilíbrios ambientais etc.). Isso sem falar nas estruturas de "dinheiro oculto" (pense-se, por exemplo, nos chamados "paraísos fiscais", nas lavagens de dinheiro), no crime organizado e nos movimentos de contraviolência (especialmente o chamado "terrorismo árabe ou islâmico") que também se tornaram globais.[14]

Falar de globalização ou mundialização das relações sociais é, portanto, falar da interdependência e complexificação globais das relações sociais (nos seus vários aspectos ou momentos); é falar do poder de alcance mundial que a ação humana (no seu conjunto!) adquiriu; é falar do caráter mundial do poder de afetação física da ação humana atingido pelo atual "processo de estruturação" da sociedade. Importa, enfim, destacar

> que o nexo social, conceituado a partir da ação humana mesma [...], tem um caráter mundial. O fato de não haver plena consciência deste vínculo global ou de existirem diversas linguagens e diversos universos de sentido não desmente essa real unificação prática no âmbito da atualização recíproca e no âmbito da estruturação de hábitos. Os processos históricos levaram a uma interação que, hoje em dia, tem caráter universal.[15] Vivemos, portanto, em uma sociedade mundial ou global!

---

[14] Cf. Ibid., p. 14-20. GONZÀLEZ, Orden mundial y liberación, p. 636.

[15] GONZÁLEZ, Orden mundial y liberación, p. 641.

A estruturação da sociedade global

Afirmar que a sociedade se tornou global não é afirmar que ela se tornou melhor, mais justa, mais humana, mais ética, mais de acordo com as exigências do Reinado de Deus. Nem mesmo que todos os seres humanos (ou que toda ação humana) têm o mesmo poder de ação global ou mundial. Significa simplesmente afirmar que a vida social (no seu conjunto) é hoje globalmente estruturada. E de tal modo que, de uma ou de outra forma, em maior ou menor medida, a vida de todos os povos do planeta está afetada por fatores globais. E tanto no que se refere ao "acesso às coisas reais" (economia) quanto no que se refere ao "poder de uns sobre outros" (política), aos "subsistemas de sentido" que legitimam ideológica e/ou cientificamente a práxis social (cultura) e à relação com o meio natural (ecologia).[16]

O crescimento escandaloso da concentração de riqueza no mundo – o crescente abismo que separa cada vez mais pobres e ricos –; as sempre mais modernas e sofisticadas formas de colonialismo e imperialismo dos povos e nações ricas; o imperialismo cultural estadunidense; os problemas e riscos ambientais sempre mais crescentes, entre outros, não desmentem o *fato* da globalização ou mundialização da vida social. Simplesmente revelam que o *domínio* (econômico, político, cultural, ambiental) dos ricos sobre os pobres e excluídos tem hoje um alcance global e atingiu dimensões e proporções nunca vistas. Nesse sentido podemos afirmar que a *sociedade global* é, por um lado, *resultado* de processos de estruturação funda-

---

[16] Ibid.

mentalmente coloniais e imperiais em curso, sobretudo a partir do século XV, com a colonização europeia, e, por outro lado, sua *atualização* em escala global ou mundial, possibilitada, sobretudo, pela chamada revolução tecnológica.

Vejamos algumas das principais características econômicas, políticas, culturais e ambientais da atual sociedade mundial, consideradas a partir dos povos empobrecidos e excluídos do planeta.

Economia

A década de 1980 foi marcada por uma profunda crise econômica, provocada pelo esgotamento do modo de produção fordista (produção em massa – consumo de massa). Embora a produtividade dos países industrializados continuasse, quantitativamente, crescendo a uma média de 4% por ano, a dinâmica de "crescimento por força própria" (lucro, reinvestimento do lucro na produção, melhoramento do poder de concorrência) tinha chegado ao seu limite qualitativo (5% nas décadas de 1950-1970, em torno de 3,4% na década de 1980 e entre 0 e 0,9% na década de 1990). E é exatamente nesse contexto que se consolida o processo de globalização da economia como resposta à crise do crescimento econômico.[17]

A globalização da economia significou, fundamentalmente, uma nova forma de *acumulação do capital*, possibilitada, sobretudo, pela revolução tecnológica que fez da

---

[17] Cf. RAMMINGER, Michael. Christliche Existenz heute: Die andere Globalisierung. In: ITF – Institut für Theologie und Politik (Hg). *In Bewegung denken;* Politisch-theologische Anstöße für eine Globalisierung von unten. Münster: ITP-Kompass, 2003. p. 12ss. OLIVEIRA, Manfredo Araújo de. *Desafios éticos da globalização.* São Paulo: Paulinas, 2001. p. 83ss.

ciência e da técnica o eixo central do processo de produção e acumulação do capital. A "tecnologia de informação"[18] possibilitou, por um lado, o que se convencionou chamar de "automação flexível" do processo produtivo[19] e, por outro lado, uma aceleração e ampliação do "mercado financeiro", sempre mais independente da economia real. De ambas as formas, um crescimento exacerbado de acumulação do capital.[20]

Com a automatização do processo produtivo deu-se um crescimento enorme da produtividade do trabalho, provocando mudanças radicais na relação capital-trabalho e exacerbando a competitividade no plano internacional. Por um lado, na medida em que a ciência e, consequentemente, o trabalho criativo e intelectual, se tornam a "força produtiva" por excelência, o trabalho perde sua centralidade no processo produtivo e o desemprego se torna um problema estrutural, uma vez que a produtividade não está mais vinculada ao uso da mão de obra.[21] Por outro lado, o aumento da produtividade e a disputa por mercado fazem crescer a competitividade entre as empresas, forçando-as a diminuir cada vez mais os custos da produção, sobretudo com a diminuição da mão de obra, conduzindo-as à formação de grupos empresariais e de blocos econômicos e, com isso, a

---

[18]   OLIVEIRA, Desafios éticos da globalização, p. 172.

[19]   "A vinculação de computadores às máquinas tornou possível mudar rapidamente o produto em processo sem precisar trocar de equipamento" (Ibid., p. 171, nota 14).

[20]   Cf. HINKELAMMERT, A globalização como ideologia encobridora que desfigura e justifica os males da realidade atual, p. 552ss. GIDDENS, Anthony. Der Dritte Weg; Die Erneuerung der sozialen Demokratie. Frankfurt am Main: Suhrkamp, 1999. p. 41ss; RAMMINGER, Christliche Existenz heute: Die andere Globalisierung, p. 12-15.

[21]   OLIVEIRA, Desafios éticos da globalização, p. 228-241. Assim é que "os países capitalistas da Europa, por exemplo, produzem três a quatro vezes mais riquezas do que há 35 anos e essa produção cada vez exige menos horas de trabalho" (Ibid., p. 228).

um recrudescimento da concentração e centralização da economia mundial.[22]

Com a aceleração e ampliação do mercado financeiro, mais lucrativo do que o mercado produtivo, a movimentação de capitais vai cada vez mais se distanciando e se desvinculado da economia real e "a valorização do dinheiro torna-se o grande objetivo e o mecanismo fundamental de regência de toda vida econômica, social e política".[23] Se no início da década de 1970 a relação de proporção entre os investimentos no mercado financeiro e no mercado produtivo era de 10% x 90%, respectivamente, hoje é exatamente o contrário: 90% (mercado financeiro) x 10% (mercado produtivo).[24] Fala-se, nesse contexto, que os bancos centrais se tornaram verdadeiros "governos paralelos não eleitos".[25]

O resultado mais imediato desse processo para os países pobres foi o desmonte do quase inexistente Estado Social, com a consequente privatização de empresas estatais e serviços sociais estratégicos, o aumento do desemprego, o fim das barreiras comerciais – provocando a falência das pequenas e médias empresas, incapazes de concorrer com as grandes empresas multinacionais – e a progressiva monetarização da economia. Tudo de acordo com as políticas de ajuste econômico (e seus respectivos projetos econômicos), traçadas e impostas pelas institui-

---

[22] 13% da população mundial concentra cerca de 60% do comércio mundial e 80% da exportação mundial das duzentas maiores companhias empresariais do mundo está concentrada nos países membros da OCDE – Organização para a Cooperação e Desenvolvimento Econômico (Cf. RAMMINGER, Christliche Existenz heute: Die andere Globalisierung, p. 12).

[23] OLIVEIRA, *Desafios éticos da globalização*, p. 131.

[24] Cf. RAMMINGER, Christliche Existenz heute: Die andere Globalisierung, p. 13.

[25] OLIVEIRA, *Desafios éticos da globalização*, p. 90.

ções financeiras internacionais. É a versão "moderna" e global do antigo liberalismo econômico!

Mas se, com relação aos países pobres, pode-se e deve-se falar de liberalização da economia ou, como se fala normalmente, de uma economia neoliberal, o mesmo não se pode dizer da economia mundial. A impressão liberal ou neoliberal dos mercados financeiros desfaz-se completamente em se tratando dos mercados de trabalho e dos mercados de bens e serviços. Aí, quando as vantagens de mão de obra qualificada ou de domínio técnico-científico não são suficientes para garantir o controle e a posse das riquezas, impera protecionismo estrito, nas suas várias modalidades: restrições da mobilidade da mão de obra, barreiras comerciais com relação a bens manufaturados (roupa, calçado) e produtos agrícolas, altíssimos subsídios agrícolas, proteção dos direitos de propriedade etc. Ou seja: impera o protecionismo onde as vantagens comparativas poderiam beneficiar, de algum modo, países pobres. Por isso se diz que "o chamado 'neoliberalismo' é muito pouco liberal: trata-se mais de um nacional-liberalismo".[26]

O fato é que a globalização da economia tem aumentado enormemente a diferença entre os países ricos e os países pobres e entre ricos e pobres no interior dos diversos países, até mesmo dos países de primeiro mundo.[27] Segundo informe do Programa de Desenvolvimento das Nações Unidas (PNUH) de 1995, a diferença de renda entre os países ricos e os países em desenvolvimento triplicou entre 1960 e 1993. Enquanto a participação na renda dos 20% mais pobres da população mundial diminuiu de

---

[26] GONZÁLEZ, Orden mundial y liberación, p. 642.

[27] Cf. SEBASTIÁN, Luis de. Europa: globalização e pobreza. *Concilium* 37 (2001) 724-732.

2,3% para 1,4%, a participação dos 20% mais ricos aumentou de 70% para 85% da renda total. 33% da população dos países em desenvolvimento (1,3 bilhão) vivem com menos de um dólar por dia. Desses, 550 milhões estão no sul da Ásia, 215 milhões na África subsaariana e 150 milhões na América Latina – em 1990, o número de pessoas abaixo da linha da pobreza na América Latina girava em torno de 110 milhões.[28]

Política

Há muito tempo se vem falando da necessidade de instituições e mecanismos internacionais – democráticos! – capazes de regulamentar de uma forma mais justa as relações sociais em escala mundial. Na realidade, as instituições internacionais existentes são todas controladas pelas nações ricas e atuam em função de seus interesses.

Por um lado, nós nos deparamos com instituições tipo G-7 – talvez a mais relevante do ponto de vista da economia mundial –, constituídas apenas pelas nações mais poderosas do mundo, ou com instituições financeiras internacionais (FMI, Banco Mundial) controladas pelos países ricos e sempre em função de seus interesses.[29] Para não falar das "instituições" constituídas pelos grandes empresários e banqueiros mundiais, tipo Fórum

---

[28] Apud GUTIÉRREZ, Gustavo. *Onde dormirão os pobres?* São Paulo: Paulus, 2003. p. 29, nota 28; OLIVEIRA, *Desafios éticos da globalização*, p. 99ss, especialmente as notas 76, 87 e 90.

[29] Estas instituições se tornaram cada vez mais instrumentos da política econômica dos países ricos, distanciando-se progressivamente de seus propalados objetivos. "De fato, as transferências líquidas dos últimos anos vão em direção oposta à prevista: dos países pobres ao FMI (cerca de 6.300 milhões de dólares por ano) e ao Banco Mundial (500 milhões entre 1990-1991)" (GONZÁLEZ, *Orden mundial y liberación*, p. 643).

Econômico de Davos, com verdadeiro poder de governo mundial.

Por outro lado, nós nos deparamos com alguns organismos sociais e econômicos das Nações Unidas um pouco mais democráticos, mas incapazes de alterar a lógica dominante – até porque são também controlados pelas nações mais ricas (as únicas que possuem direito de veto). Seu poder não vai muito além do financiamento de alguns projetos sociais ou de ajuda às vítimas de catástrofes naturais.

Em âmbito nacional, dá-se uma enorme redução do poder de intervenção (com finalidade social!) dos governos locais na economia e, no caso dos países pobres, uma total subserviência à política de "ajuste econômico" ditada pelas instituições financeiras internacionais. Tudo isso com consequências diretas para os sempre mais crescentes setores pobres da população.

Noutras palavras, o poder de governo na sociedade mundial está nas mãos da elite econômica e financeira das nações ricas. Ela determina as regras da sociedade mundial!

Cultura

Quanto ao aspecto preponderantemente cultural, a sociedade mundial é marcada por uma situação um tanto paradoxal. Por um lado, existe um verdadeiro império cultural, dominado, em grande parte, por empresas e organizações estadunidenses. Elas controlam a maior parte das agências de publicidade e das produtoras de cinema e televisão do mundo. Quatro grandes agências mundiais controlam uma nona parte de todas as notícias emitidas em jornais, rádios e televisões mundiais.[30] E assim vão influenciando e alterando os costumes e tradições alimentares e musicais, as formas de relações, os valores, os interesses científicos... dos diversos povos. Isso sem falar na transformação do inglês em língua "universal". Por outro lado, dá-se, como contrarreação, o ressurgimento de movimentos – alguns de caráter fundamentalista – de afirmação da própria identidade. Essa contraposição é mais visível em relação aos povos árabes. Mas existe também, em maior ou menor medida, nos diversos países e parece mais atrativa para os setores jovens.

Não obstante o imperialismo cultural, com a consequente destruição das culturas autóctones ou o ressurgimento de movimentos culturais conservadores reinantes, têm crescido no mundo a consciência e a luta em defesa dos direitos humanos. Trata-se de uma verdadeira mundialização da luta pelos direitos humanos, cujas expressões mais significativas são o Fórum Social Mundial e a solidariedade internacional ao povo iraquiano por ocasião da invasão do governo estadunidense e, mais recentemente, ao povo palestino-libanês. A isso se juntam as inúmeras redes de notícia e solidariedade via internet,[31] os movimentos antiglobalização, a articulação mundial de grupos específicos (mulheres, meio ambiente, portadores de necessidades especiais etc.), o diálogo inter-religioso, as inúmeras ONGs e organizações internacionais etc.

---

[30] Ibid., p. 644.

[31] Mas é bom lembrar que apenas 12,7% da população mundial tem acesso à internet. Além do mais, enquanto a percentagem de usuários da internet em países como a Suécia e a Suíça chegam a 74,6% e 63,5% da população, respectivamente, na América Latina essa percentagem cai para 10,3% e na África para 1,5% (apud LATINO-AMERICANA MUNDIAL-2006. *Para outra humanidade, outra comunicação*. São Paulo: Loyola, 2005. p. 28s).

Tudo isso vai forjando uma cultura global alternativa à cultura capitalista.

Meio ambiente

Com relação aos problemas ambientais,[32] já em 1972 o Informe do *Clube de Roma* alertava sobre os riscos e os *limites do crescimento* econômico em curso. A Conferência do Rio, em 1992, tornou claro e público o alcance mundial dos problemas ambientais: desertificação, desmatamentos, destruição da camada de ozônio, superpopulação, contaminação das águas, destruição da biodiversidade, entre outros, são problemas de dimensões e proporções mundiais, cujas soluções extrapolam o âmbito e o poder dos Estados nacionais.

Embora os problemas ambientais, de alguma forma, afetem o mundo todo e ponham em risco o futuro da humanidade no planeta, não afetam a todos na mesma proporção e imediatez. Os países pobres e, neles, as comunidades mais pobres – muito mais dependentes da natureza e muito mais vulneráveis às suas forças – sofrem seus efeitos de modo mais imediato e dramático. Assim, por exemplo, a destruição de um manguezal para a construção de viveiros de camarão repercute muito mais (em tempo e proporção) na vida da comunidade nativa que perde sua fonte de sobrevivência do que na vida dos empresários do camarão, que podem construir os viveiros em outros lugares, com novas tecnologias etc.

Se, por um lado, é um *fato* que as *relações sociais se tornaram globais ou mundiais*, por outro lado é também

---

[32] Cf. BOFF, Leonardo. *Ecologia:* grito da terra, grito dos pobres. São Paulo: Ática, 1995.

um fato que *a sociedade global está estruturada de modo a manter milhões de seres humanos na miséria e a manter e aumentar o poder e os privilégios de uma pequena elite mundial.* Isso não significa que não exista resistência nem alternativa no mundo, muito menos que a sociedade mundial não possa ser diferente.[33]

Aqui, em todo caso, interessava compreender a nova dinâmica das relações sociais e as atuais estruturas da sociedade mundial. Isso é fundamental, até mesmo em vista da potencialização e dinamização dos sinais de resistência e da busca de alternativa a essa mundialização. E, no caso particular de nossa reflexão, em vista da eficiência e eficácia da práxis cristã no contexto de uma sociedade mundial ou global.

Práxis cristã numa sociedade global

Se a fé cristã, de acordo com a dinâmica da "encarnação", só pode ser vivida no tempo e no espaço – não podendo "fugir nem da geografia nem do calendário" –, ela não pode ser indiferente à estruturação histórica do tempo e do espaço. Mas também não pode se identificar, sem mais, com as estruturas do tempo e espaço em que é vivida. Daí é necessário que, além de um bom conhecimento das estruturas ou dinamismos do tempo e do espaço em que vivem, os cristãos tenham permanente lucidez e convicção de sua fé e procurem formas de viver e agir

---

[33] Não é sem razão que alguns autores, como Manfredo Oliveira, procuram *des*-identificar a globalização da globalização neoliberal: "A globalização, entendida enquanto transnacionalização, é, em primeiro lugar, o resultado de um novo patamar tecnológico e, nesse sentido, não tem que acontecer necessariamente sob a ótica neoliberal, como de fato ocorreu" (OLIVEIRA, *Desafios éticos da globalização*, p. 82, nota 11).

capazes de fermentar o mundo com o dinamismo do Reinado de Deus.

A fé cristã como práxis do Reinado de Deus

Um dos grandes esforços da Igreja da Libertação na América Latina foi superar uma compreensão e vivência por demais intelectualizadas e/ou ritualizadas da fé cristã, enquanto confissão de doutrina e/ou prática devocional/sacramentalista. Daí que a Teologia da Libertação se entendeu a si mesma, desde seu nascimento, como "reflexão crítica da práxis histórica",[34] como "intellectus amoris",[35] como "momento consciente e reflexo da práxis eclesial"[36] etc. Não obstante a diversidade de formulações e de pressupostos teóricos, a *fé cristã* foi sempre entendida pela Teologia da Libertação no horizonte da *práxis* – como um modo de viver/agir em resposta à ação salvífica de Deus na história. Na formulação de Xavier Zubiri, que teve muita influência na teologia da América Central, particularmente em El Salvador, a fé, enquanto entrega a Deus, "consiste em que eu faça entrar formal e reduplicativamente em meu acontecer, enquanto *feito por mim*, o acontecer segundo o qual Deus *acontece em mim*. Que Deus aconteça em mim é uma *função de Deus na vida*. Mas entregar-se a Deus é fazer *a vida em função de Deus*".[37] O que, em linguagem cristã, significa *segui-*

---

[34] Cf. GUTIÉRREZ, Gustavo. *Teologia da libertação;* perspectivas. São Paulo: Loyola, 2000.

[35] SOBRINO, Jon. Teologia num mundo sofredor: A Teologia da Libertação como "intellectus amoris". In: *O princípio misericórdia;* descer da cruz os povos crucificados. Petrópolis: Vozes, 1994. p. 47-80.

[36] ELLACURÍA, Ignacio. La teología como momento ideológico de la praxis eclesial. In: *Escritos teológicos I.* San Salvador: UCA, 2000. p. 163-185.

[37] ZUBIRI, Xavier. *El hombre y Dios.* Madrid: Alianza Editorial, 2003. p. 233.

mento de Jesus Cristo – critério e medida cristãos da vida vivida "em função de Deus".

A redescoberta da *fé* como *práxis do seguimento de Jesus Cristo na história* esteve sempre estreitamente vinculada à redescoberta da *centralidade do reinado de Deus* na vida de Jesus Cristo.

> É incontestável que o ponto central da pregação de Jesus foi a dominação de Deus ou o reinado de Deus [...]. O domínio de Deus pode literalmente ser considerado o centro de sua atividade. Pois é o centro em torno do qual tudo mais se organiza, não só a sua mensagem, como também sua atividade de curar enfermos e de operar milagres, seu imperativo ético.[38]

E se ele constituiu o centro da vida e da missão de Jesus, deve constituir o centro da vida e da missão de seus seguidores. Por isso mesmo Ellacuría e Sobrino insistiram tanto na compreensão da teologia cristã como teologia do Reinado de Deus: "Se o objeto fundamental da missão de Jesus foi o Reino de Deus, deve sê-lo também da práxis eclesial e do momento ideológico dessa práxis eclesial".[39] O Reinado de Deus não é, para a Teologia da Libertação, um tema entre outros, mas *o* tema central e fundamental, a partir do qual tudo se torna mais inteligível. Ele constitui, portanto, o acesso mais fundamental e totalizador da fé cristã – de Jesus Cristo e de sua Igreja. A partir dele se pode compreender melhor a morte e ressurreição de Jesus Cristo, a identidade e missão da Igreja, a escatologia etc.[40]

---

[38] GNILKA, Joachim. *Jesus de Nazaré;* mensagem e história. Petrópolis: Vozes, 2000. p. 83.

[39] ELLACURÍA, Ignacio. La teología como momento ideológico de la praxis eclesial, p. 164-185 – aqui, p. 175.

[40] Cf. SOBRINO, Jon. Centralidad del reino de Dios en la teología de la liberación. In: ELLACURÍA, Ignacio; SOBRINO, Jon. *Mysterium liberationis;* conceptos fundamentales de la teología de la liberación. Madrid: Trotta, 1994. p. 467-510.

Embora seja preciso determinar mais claramente o que foi o Reinado de Deus para Jesus[41] e como ele deve ser entendido e realizado em cada situação histórica (tarefa eminentemente teológico-pastoral), não há dúvida de que ele constituiu o centro da vida e missão de Jesus e que, portanto, deve constituir o "Factum fundamental" da vida e da teologia cristãs. Aqui nos restringiremos a indicar com Ellacuría,[42] numa perspectiva mais sistemática e sem maiores desenvolvimentos, algumas de suas principais características:

1. O Reinado de Deus não se identifica com a Igreja nem mesmo com Jesus ou com Deus, tomados em si mesmos, à margem da salvação real da humanidade e do mundo.

2. Ele não é um conceito espacial nem estático, mas uma realidade dinâmica: "não é um reino, mas um reinado, uma ação permanente sobre a realidade histórica", uma realidade "fundamentalmente soteriológica".

3. Tem a ver simultaneamente com Deus (Reinado *de Deus*) e com a história (*Reinado* de Deus), superando toda forma de dualismo (imanência x transcendência, horizontalismo x verticalismo, profano x sagrado): é "a presença ativa de Deus na história e a presença da história em Deus" – "Deus conosco" em nossa história de santidade ou de pecado.

4. É, em primeiro lugar, *dos* pobres, *dos* oprimidos, *dos* perseguidos, "dos que sofrem realmente os efeitos do

---

[41] Cf. SCHNACKENBURG, Rudolf. *Gottes Herrschaft und Reich*. Freiburg/Basel/Wien: Herder, 1965. SOBRINO, Jon. *Jesus, o libertador;* a história de Jesus de Nazaré. Petrópolis: Vozes, 1996.

[42] ELLACURÍA, Ignacio. Recuperar el reino de Dios: desmundanización y historización de la Iglesia. In: *Escritos Teológicos II*. San Salvador: UCA, 2000. p. 307-316 – aqui, p. 313-316.

pecado do mundo, a negação do amor de Deus na negação do amor ao homem".

5. Abrange tanto a dimensão pessoal quanto a dimensão estrutural da vida. Não é "pura questão de fé e de obediência, mas é também questão de umas obras que com a fé estabelecem a presença objetiva de Deus entre os homens, que não apenas deve ser crido, mas que também há de ser praticado". Além do mais, não se pode esquecer o caráter dialético-conflitivo do Reinado de Deus em relação ao reinado do mal ou ao antirreinado, ou, numa linguagem mais teológica, seu caráter redentor, libertador. É um Reinado em luta contra as forças do mal que oprimem e matam!

De modo que, enquanto *entrega ao Deus do Reino*, a fé cristã consiste na *configuração da vida* (pessoal e estrutural, individual e coletiva) *em função do Reinado de Deus* ou de acordo com as exigências históricas de seu dinamismo. Trata-se, portanto, de um modo de viver e configurar a vida em sua totalidade. Nada mais estranho à fé cristã do que seu reducionismo a doutrina e/ou ritos ou sua *des*-historização (se é que é possível!).

Fermento do Reinado de Deus numa sociedade global ou mundial

Se (1) a fé cristã só pode ser vivida num tempo e num espaço concretos (com geografia e calendário!); se (2) ela, enquanto *entrega* ao Deus do Reino, consiste, fundamentalmente, na práxis histórica do Reinado de Deus, isto é, na configuração da vida pessoal e estrutural, individual e coletiva *em função* desse Reinado; se (3) nossa vida societária se tornou global e se ela está hoje estruturada de modo a produzir vítimas e a manter o domínio de uns poucos "opulentos" sobre multidões de "lázaros", isto é, se ela está dinamizada pelas forças do "antirreino" que oprimem, excluem e matam; (4) os cristãos devem dedicar-se especialmente à tarefa de reestruturação da vida social global a partir e em função do dinamismo do Reinado de Deus.

Evidentemente, não devemos ser ingênuos com relação ao poder do antirreino, nem com relação ao poder dos cristãos na sociedade global ou mundial, nem cair na armadilha fácil do maniqueísmo.

Primeiro, porque a elite que se beneficia com o dinamismo do antirreino é muito mais poderosa do que parece e está disposta a usar todo o seu poder e toda a sua força (não excluindo a guerra, como demonstra a invasão estadunidense do Iraque e seu apoio à guerra israelense contra o povo palestino-libanês) para manter e ampliar seu domínio e porque a complexidade e amplidão da vida social (economia, política, cultura etc.) extrapolam os limites e as possibilidades dos cristãos e das Igrejas. A sociedade é muito mais ampla do que a Igreja (uma das forças da sociedade!) e a vida social é muito mais complexa do que a fé (um de seus aspectos!).

Segundo, porque não é nada evidente que as vidas dos que se dizem cristãos e das Igrejas cristãs, no seu conjunto, sejam, sem mais, configuradas em função do Reinado de Deus ou de acordo com seu dinamismo. Não se pode esquecer nem ofuscar o fato de que grande parte das forças (econômicas, políticas e culturais) da atual sociedade global se diz cristã e, no entanto, configura a vida social de modo a produzir vítimas e a manter e a aumentar seus privilégios. O conflito e a luta reino x antirreino se dá, portanto, na vida dos próprios cristãos e entre os próprios cristãos. Além do mais, não se pode esquecer que o dinamismo do Reinado de Deus extrapola (e muito!) as fronteiras da Igreja e que ele vai se tornando realidade através da vida e da ação de pessoas e grupos o mais diversos – mesmo de pessoas e grupos em conflito com a Igreja ou que se declaram ateus.

Levar a sério o poder dos que se beneficiam com a atual estruturação da sociedade global, os limites e ambiguidades da ação e das possibilidades de ação dos cristãos na sociedade global e o dinamismo do Reinado de Deus para além das fronteiras da Igreja é fundamental para um agir cristão lúcido e eficaz. Além do mais, faz-nos realistas, honestos e verdadeiros conosco e com os outros, bem como nos torna mais humildes e dialogais em nossa missão.

Nessa perspectiva, identificaremos, a seguir, alguns aspectos, "lugares", experiências etc., nos quais o Reinado de Deus vai encontrando terra fecunda em nossa sociedade global ou mundial e através dos quais ela vai sendo configurada em função desse mesmo Reinado.

Movimento contraideológico

Um poderoso e sofisticado *movimento ideológico* tenta convencer o mundo de que não é possível algo diferente e melhor do que a atual ordem mundial. Chegou-se, mesmo, a proclamar escatologicamente o "fim da história". Pode-se e deve-se fazer algumas "reformas" e "ajustes" na atual ordem mundial, mas não faz sentido pensar em mudança substancial. Chegamos ao máximo, à plenitude... O contrário disso é resquício de um mundo que passou...

Trata-se de um "discurso" bem pensado, bem arquitetado, com uma dupla finalidade. Por um lado, legitimar a atual ordem mundial, declarando-a, em sua estrutura fundamental, imóvel, inalterável, insuperável. Por outro lado, deslegitimar e desmobilizar todos os esforços de transformação substancial dessa estrutura. Não sem razão, falou-se tanto na década de 1990 contra a ditadura do "pensamento único".

Diante de todo esse movimento ideológico foi nascendo e se consolidando um *movimento contraideológico* que, por um lado, procura mostrar quem ganha com a atual estrutura da sociedade global e a quem serve o discurso da impossibilidade de transformação da sociedade e, por outro, procura mobilizar e dinamizar diversas forças sociais para a construção de um outro mundo possível. Portanto, denúncia da atual ordem mundial e anúncio e convocação para a construção de uma outra ordem mundial. As expressões mais significativas desse movimento contraideológico são os movimentos antiglobalização – desde Seattle, em dezembro de 1999 – e o Fórum Social Mundial, janeiro de 2001, em Porto Alegre, com sua proclamação do "Outro mundo possível"!

A libertação da dominação ideológica é importante e necessária, seja pelo que tem de portadora e de libertadora da verdade, seja pelo desbloqueio da utopia e da criatividade que provoca. Nenhuma pessoa, nenhum grupo é capaz de se mobilizar e de se gastar na construção de algo que sabe, de antemão, impossível. Daí por que a utopia e a esperança, embora não sejam suficientes, são imprescindíveis para a transformação da sociedade. Elas oferecem tanto o horizonte (o para onde) quanto a força e a motivação para a ação. Naturalmente, precisa-se buscar e construir mediações econômicas, políticas, culturais etc. Mas só se buscam e só se constroem mediações para algo que tem sentido e que se pode crer, de alguma forma, viável, possível.

Estamos, portanto, diante de um movimento que, por sua densidade antropológica e teológica, desafia e convoca os cristãos. E tanto no que diz respeito ao seu caráter desideologizador (libertador) quanto no que diz respeito ao seu poder dinamizador (criativo).

Por um lado, está em jogo a *verdade* encoberta, falsificada e aprisionada pelo interesse de uma pequena elite que tudo faz para manter e aumentar seu poder e seus privilégios. A sociedade mundial está estruturada de uma determinada forma porque foi estruturada assim e porque assim responde melhor aos interesses dos grupos e países ricos e poderosos do planeta. Não é fruto do acaso, do destino, de determinadas "leis naturais"... É fruto da ação humana. Assim como foi estruturada pela ação humana, pode ser reestruturada pela ação humana. Por seu caráter e estrutura históricos, fruto da ação humana, a sociedade é um dinamismo processual e aberto, está sempre em construção. Nenhuma configuração histórica da sociedade esgota as potencialidades e as possibilidades históricas da humanidade.

Por outro lado, estão em jogo a *utopia* e o *projeto* de sociedade. Nem por razões humanitárias em geral, nem muito menos por razões explicitamente cristãs podemos aceitar como definitiva uma estruturação da sociedade que priva milhões de seres humanos do minimamente necessário para sobreviver. Mesmo quando não sabemos exatamente como, mesmo quando não temos os meios e a força necessária, não podemos nos render nem nos desobrigarmos da tarefa histórica de construção do mundo no qual, para falar como os zapatistas, "todos tenham um lugar".

A tarefa histórica de libertar a verdade aprisionada pela injustiça (Rm 1,18), de anunciar a utopia do Reinado de Deus (Mc 1,15) e de fecundar e fermentar a sociedade global com sua força e dinamismo (Mt 13,31ss), além de pertencerem ao núcleo da fé e da missão cristãs, constituem uma necessidade e uma urgência de nosso tempo.

Ela pode ser efetivada tanto nas relações interpessoais quanto na vida interna da comunidade eclesial (sobretudo na vida litúrgica), quanto, ainda, através da participação dos cristãos em organizações e movimentos populares – sejam movimentos mais localizados, sejam movimentos mundialmente articulados e que de uma forma mais explícita se enfrentam com as estruturas globais da sociedade mundial.

Conversão pessoal e relações interpessoais novas

Uma sociedade nova só é possível com pessoas novas. Não basta transformar as estruturas da sociedade, é preciso transformar também as pessoas. Aliás, se a sociedade nova não é fruto do destino ou de determinadas "leis naturais" nem "cai do céu" (mesmo que seja, antes de mais nada, dom de Deus), mas é fruto da ação humana, ela passa, necessariamente, pela transformação das pessoas. E se é verdade que a transformação das pessoas não significa, sem mais, a transformação da sociedade, também é verdade que transformação das estruturas da sociedade não significa, sem mais, a transformação das pessoas. Sem entrar na discussão se uma vem primeiro – a transformação da pessoa ou da sociedade – ou se se trata de um processo dialético simultâneo, importa, aqui, insistir na necessidade e urgência de pessoas novas, de relações interpessoais novas como algo essencial para transformação da sociedade.

Não apenas as estruturas da sociedade estão dominadas por forças e dinamismos desumanos e imperiais. Também as pessoas e as relações interpessoais. Basta ver o que há de egoísmo, dominação, preconceito, desrespeito, mentira, desonestidade, machismo, sexismo, etnocentrismo, senso de superioridade, autopromoção, sadismo etc. na vida de cada um de nós e nas relações interpessoais que estabelecemos.

Nesse sentido, a configuração pessoal da vida de acordo com a vida de Jesus, "o novo Adão", além de uma exigência e de uma das características fundamentais da fé cristã, responde a uma necessidade e urgência do atual processo de transformação da sociedade: a existência de pessoas novas na construção de uma sociedade nova: "Haja entre vós o mesmo *sentir e pensar* que no Cristo Jesus" (Fl 2,5). "Quem diz que permanece em Deus deve, pessoalmente, *caminhar* como Jesus caminhou" (1Jo 2,6). "Libertados do pecado, vos tornastes *servos da justiça*" (Rm 6,18). "[...] não amemos só com palavras e de boca, mas com ações e de verdade!" (1Jo 3,18) etc.

Transformação das estruturas da sociedade

Mas não bastam pessoas novas nem relações interpessoais novas. É preciso ativar e atualizar (tornar realidade) a força e o dinamismo do Reinado de Deus nas estruturas mais amplas da sociedade. É preciso ir reconfigurando o conjunto da vida social (economia, política, cultura, meio ambiente etc.) de acordo com o Reinado de Deus, cujo critério fundamental são as necessidades da humanidade sofredora. E isso desde o nível e instâncias mais locais até o nível e instâncias mais globais da sociedade. Trata-se, certamente, de um processo e, além do mais, de um processo ambíguo (às vezes, o que é positivo em nível local é negativo em nível global e vice-versa) e que extrapola os limites e as possibilidades da comunidade cristã. Mas um processo urgente e necessário e do qual os cristãos não podem se desresponsabilizar.

No *aspecto econômico*, deve-se, por um lado, apoiar, incentivar e promover as mais diversas iniciativas de geração de emprego e renda, de economia popular solidária, de democratização da terra e da água, de preservação de bens naturais e fontes de sobrevivência das comunidades (mangues, nascentes, gás natural, florestas etc.). Por outro lado, é preciso lutar por uma política tributária mais justa e para que os recursos públicos nacionais sejam investidos de modo a favorecer os pequenos e não os grandes (por exemplo: investir na agricultura familiar e não no agronegócio, rever a política de juros que transfere dinheiro público para os banqueiros e especuladores, imposto sobre as grandes fortunas etc.) e lutar por mecanismos mundiais de controle do mercado e distribuição de renda (por exemplo: a taxa Tobin sobre especulações financeiras, o imposto sobre as máquinas modernas de produção etc.). Alguns grupos defendem que o liberalismo econômico, embora em nível local e nacional, seja um mal para os pequenos, em nível mundial pode ser, em determinados momentos, importante e necessário (por exemplo, a luta contra os subsídios econômicos para produtos agrícolas e a liberalização do mercado de trabalho no Primeiro Mundo). Não existe receita nem um caminho único. É preciso fazer tudo que se puder (em nível local, nacional e mundial) para conseguir alguma forma de controle público sobre o mercado, distribuir a riqueza e possibilitar a todos o acesso aos bens materiais necessários a uma vida minimamente digna. Não se pode, em nome de uma transformação estrutural mais ampla ou por causa das ambiguidades que ações mais imediatas comportam, fechar os olhos para o drama imediato das pessoas. A fome não espera a mudança estrutural. Mas também não se pode contentar com pequenas e paliativas iniciativas. É preciso ir mais longe, ousar mais, apoiar, participar e promover todas as iniciativas nacionais, regionais e mundiais que tentam alterar a estrutura econômica mais ampla. Nesse sentido, merecem especial atenção experiências e iniciativas mais ousadas, como o Movimento dos Trabalhadores Rurais Sem Terra, no Brasil; o Movimento Indígena de Chiapas, no México; o Movimento Indígena boliviano (e o governo de Evo Morales); a revolução bolivariana (e o governo de Hugo Chávez), na Venezuela; a luta contra a ALCA (Área de Livre Comércio das Américas), na América Latina; a ATTAC (Associação pela Tributação das Transações Financeiras para Ajuda aos Cidadãos); os movimentos antiglobalização, entre outros.

No *aspecto político*, é preciso, por um lado, continuar apostando em e ensaiando formas realmente democráticas de organização e controle da vida coletiva em espaços não governamentais (família, Comunidades Eclesiais de Base, Pastorais, conselhos, associações de moradores, movimentos populares, sindicatos, ONGs etc.) e, por outro, apoiar e promover a democratização das instâncias políticas de governo (municipal, estadual, nacional, internacional). Com relação aos espaços políticos não governamentais, poder-se-ia pensar que se trata de uma questão menor, sem muita relevância, pelo menos em relação ao desafio político internacional. Nesse sentido, vale recordar que a lógica e dinâmica políticas dessas organizações muitas vezes não diferem muito da lógica e dinâmica políticas das instâncias de governo, mesmo se revestidas de um discurso social e político revolucionários (disputa pessoal de poder, corporativismo, autoritarismo, manipulação, carreirismo, personalismo etc.), e que a democratização do poder político não vem de cima – até porque não interessa a quem está em cima –, mas deve ser forjada e construída a partir de baixo, testada e provada nas pequenas experiências populares de organização e controle da vida coletiva. Com relação às instâncias políticas de governo, é preciso continuar apoiando – criticamente, nunca incondicionalmente! – as lideranças e os partidos políticos mais comprometidos com as causas populares; fortalecer e alargar as iniciativas políticas de participação popular e de controle público do governo (conselhos, plebiscitos, projetos de iniciativa popular etc.); promover a efetivação dos acordos e convenções internacionais de direitos humanos (mulher, prisioneiros de guerra, crimes contra a humanidade, meio ambiente – Protocolo de Quioto, por exemplo – etc.); promover e alargar a aliança dos povos do Terceiro Mundo, e não apenas no aspecto econômico; ir forçando a democratização dos organismos internacionais, como a ONU; fortalecer, nos países de Primeiro Mundo, a luta contra as leis e medidas contra os imigrantes do Terceiro Mundo (como a construção do muro de cerca de 1500 km entre EUA e México e a cerca entre África e Europa na fronteira de Marrocos e Melilla,

Espanha), entre outros. Também aqui não existe receita nem caminho único. Importa ir forjando e experimentando – desde as instâncias menores e mais locais – formas verdadeiramente democráticas de organização e controle da vida coletiva; ir articulando essas experiências, constituindo-as e consolidando-as como força política capaz de intervir e alterar as estruturas políticas de governo (municipal, estadual, nacional e internacional) em favor das maiorias populares.

No *aspecto cultural*, além do urgente e imprescindível movimento contraideológico, a que já nos referimos, urge fortalecer, aprofundar e alargar os valores, os costumes e práticas humanitárias e humanizantes das diversas culturas, tradições, comunidades (solidariedade, trabalho comunitário, integração com o meio ambiente, medicina popular, músicas populares etc.); recuperar a memória histórica das lutas, das lideranças e dos mártires da caminhada; avançar no diálogo inter-religioso – e não apenas entre as chamadas grandes religiões, mas também entre as religiões indígenas, africanas etc.; revigorar e atualizar a Teologia da Libertação a partir dos atuais movimentos de libertação na América Latina e no mundo; fortalecer a solidariedade continental e mundial (como o movimento mundial contra a invasão estadunidense no Iraque, a solidariedade ao povo palestino-libanês, o apoio à revolução bolivariana na Venezuela, ao movimento indígena boliviano, equatoriano e mexicano, às ONGs etc.); fortalecer e ampliar as políticas de universalização e contextualização do ensino (como a alfabetização de adultos; a política universitária de cotas para estudantes das escolas públicas, para negros e índios; escola rural e escola indígena; universidade popular etc.); difundir e facilitar o acesso a jornais, revistas e análises críticos dos acontecimentos; participar das e ampliar as redes de comunicação popular e de solidariedade via internet; estreitar os laços entre universidade, institutos de pesquisa e intelectuais e os movimentos e organizações populares; promover as potencialidades artísticas populares (música, poesia, teatro, literatura, cinema etc.), entre outros. Trata-se, portanto, de apoiar e promover as mais diversas iniciativas e atividades que justificam, fundamentam, legitimam e animam a luta pela reestruturação da sociedade, sempre a partir e em vista das maiorias populares.

Com relação ao *meio ambiente*, é preciso, por um lado, apoiar e promover as lutas locais das comunidades em defesa de suas fontes de trabalho e de sobrevivência (rios, nascentes, lagoas, mangues, vegetação, gás natural etc.) e, por outro lado, lutar contra os grandes projetos nacionais que, além de privatizar os bens naturais e os recursos públicos, comprometem ainda mais a sobrevivência das comunidades pobres (transposição do rio São Francisco, indústria do camarão, grandes barragens e hidrelétricas etc.), e pelo cumprimento dos protocolos e convenções internacionais de defesa e proteção do meio ambiente (ECO 92, Protocolo de Quioto etc.). Merece especial atenção a atual política de privatização da água (o ouro/petróleo do século XXI), a produção de alimentos geneticamente modificados e a política de patenteação de sementes e plantas medicinais.

Conclusão

A reestruturação da sociedade global em função das maiorias pobres e oprimidas do planeta é, sem dúvida alguma, o desafio e o imperativo maior de nossa vida societária. Consequentemente, da missão cristã, na medida em que sua tarefa fundamental consiste em ser "fermento" do Reinado de vida, de justiça e de paz do Deus de Jesus Cristo e na medida em que a atual estruturação da sociedade global atenta precisamente contra a vida, a justiça e a paz. O empobrecimento, a miséria e a submissão de setores cada vez mais amplos da sociedade global é, além de um problema social, econômico, político, cultural e ambiental, um problema religioso, de fé. Está em jogo a negação objetiva do Reinado de Deus na história. Como bem disse Ellacuría, a pior ofensa a Deus, a pior forma de secularismo é

> transformar os filhos de Deus, os templos do Espírito Santo, o corpo histórico de Cristo em vítimas da opressão e da injustiça, em escravos das ambições econômicas, em alvos da repressão política; o pior dos secularismos é a negação da graça pelo pecado, é a objetivação deste mundo como presença operante dos poderes do mal, como presença visível da negação de Deus.[43]

Daí que a reestruturação da sociedade global em função e de acordo com o dinamismo do Reinado de Deus pertença ao núcleo mesmo da missão cristã e constitua, atualmente, seu desafio e imperativo maiores.

Trata-se, evidentemente, de uma tarefa ampla e complexa (que envolve aspectos econômicos, políticos, culturais e ambientais), de uma tarefa que extrapola as fronteiras e as possibilidades da comunidade eclesial, que envolve e diz respeito a amplos e diversos setores e forças da sociedade (até mesmo setores e forças que, por razões

---

[43] Id. Entre Medellín y Puebla: Reflexiones metodológicas sobre el documento de consulta. In: *Escritos Teológicos I*, p. 371-393 – aqui, p. 380.

diversas, estão, não raras vezes, em conflito com as instâncias oficiais de governo da Igreja).

Por mais paradoxal que pareça, a reestruturação da sociedade *global* passa, necessariamente, pelos movimentos e pela reestruturação da vida coletiva nos espaços menores, *locais*. Primeiro, porque, por mais que o "espaço" e o "tempo" tenham sido reduzidos, não foram nem poderão ser anulados. A atividade humana continua acontecendo num tempo e espaço determinados. O que é novo e o que caracteriza o atual estado da vida social é o poder de alcance global da atividade humana e, consequentemente, seu progressivo processo de interdependência mundial. Segundo, porque não interessa às forças sociais dominantes na sociedade global uma transformação substancial da sua atual estruturação. Se a transformação da sociedade interessa aos setores cujo poder de ação ainda está muito limitado ao âmbito local, é aí que ela tem de ser forjada, ensaiada, articulada e projetada (certamente muito mais através de atividades preponderantemente políticas e culturais do que de atividades preponderantemente econômicas). Noutras palavras, a *reestruturação da sociedade global*, a *nova sociedade global ou mundial* vem *de baixo*, *das vítimas* da atual estruturação da sociedade global – a quem realmente interessa a mudança.

Aos cristãos cabe apoiar, promover e participar de todos os esforços e iniciativas de reestruturação da sociedade global, de acordo e em função com o dinamismo do Reinado do Deus de Jesus Cristo. E isso tanto através de atividades preponderantemente religiosas quanto através de atividades mais preponderantemente econômicas, políticas, culturais (além da especificamente religiosa) e ambientais – a partir de seu dinamismo e espaço próprios.

Capítulo **IV**

PAZ: FRUTO DA JUSTIÇA. O TESTEMUNHO DA IGREJA DE EL SALVADOR[1]

A *violência*, em seus mais diversos níveis e proporções, é uma das marcas fundamentais de nosso tempo. Tornou-se drama (para uns) e espetáculo (para outros) cotidianos. Tragédia, pavor, ficção (!?). De uma forma ou de outra, em maior ou menor medida, atinge a todos. Ela adquiriu tamanha dimensão e proporção que ninguém pode ficar absolutamente indiferente. Ninguém no planeta está completamente imune, protegido. Nem mesmo as nações e as elites mais poderosas do planeta. O ataque de 11 de setembro de 2001 às torres do World Trade Center nos Estados Unidos é uma prova incontestável disso.

Embora os meios de comunicação (não sem interesse!) tendam a identificar a violência com o chamado terrorismo islâmico, ela é muito mais *ampla* e tem *raízes* muito mais profundas. Diz respeito à situação de miséria e exclusão em que vivem milhões de seres humanos no planeta; à destruição do meio ambiente e suas consequências, sobretudo na vida dos povos e comunidades pobres; às mais diversas formas de repressão violenta conduzidas pelas estruturas políticas de governo, agora

---

[1] Publicado na revista *Convergência* 392 (2006) 236-256.

em escala global; ao terrorismo em suas mais diversas configurações (pistolagem do latifúndio, fundamentalismo religioso etc.); às reações imediatas e espontâneas de violência, coletivas ou individuais; à "cultura da violência" estimulada, sobretudo, pelos meios de comunicação, entre outros.

Por causa das dimensões e proporções que adquiriu, a violência se tornou um dos maiores desafios de nosso tempo e, consequentemente, a construção da *paz* se tornou o imperativo maior de nossa vida societária. Tornou-se a palavra de ordem do momento e passou a ocupar, mesmo, o centro das agendas políticas mundiais, ironicamente conduzidas pelas nações ricas do planeta.

A complexidade da violência faz com que a construção da paz seja algo extremamente complexo. Se a violência de nosso tempo não pode ser reduzida ao chamado terrorismo islâmico, a construção da paz não pode ser compreendida como "guerra preventiva" contra o terrorismo islâmico e seus possíveis aliados. O próprio terrorismo islâmico só será eliminado se forem eliminadas as causas que levam determinados grupos islâmicos à prática do terrorismo.

Mas embora o drama da violência e o desafio da construção da paz tenham atingido dimensões e proporções mundiais – nesse sentido, é algo novo –, não são realidades absolutamente novas para a humanidade. Em contextos diferentes, com dimensões e proporções diferentes, com características diferentes, com todas as diferenças que se queira, são dramas e desafios vividos pela humanidade ao longo de sua *história*. Por isso mesmo podemos aprender com a história. E tanto sobre a complexidade da violência quanto sobre os caminhos de construção da paz.

Dentre as muitas experiências de violência e, sobretudo, de construção da paz na história da humanidade está a experiência dos povos latino-americanos nas últimas décadas, particularmente dos povos centro-americanos. Para além do que tem em comum com outras experiências de violência e de esforços na construção da paz, tem algumas características que a tornam singular e extremamente fecunda para o atual processo de construção da paz no mundo.

Neste capítulo abordaremos concretamente o caso de *El Salvador*, com atenção especial para a atuação da Igreja no processo de construção da paz. A opção por El Salvador se justifica tanto pela dimensão e proporção que a violência (em suas mais diversas expressões) e a luta pela construção da paz atingiram ali quanto pela importância e relevância do *Fato Romero* dentro desse processo, quanto, ainda, por sua repercussão mundial (política, ideológica e eclesial). A junção desses elementos conferiu à experiência de El Salvador particular relevância e densidade, transformando-o em "sinal dos tempos" para o mundo, especialmente para a Igreja cristã: expressão privilegiada da *violência real* (suas várias dimensões e proporções e sua complexidade) e da *ação salvífica de Deus* nos caminhos históricos da construção da paz.

Depois de uma breve e sucinta apresentação da história de dominação e de luta por libertação em El Salvador, concentrada mais na abordagem dos problemas sociais, econômicos e políticos, abordaremos a participação da Igreja Católica no processo de construção da paz, particularmente a atuação e orientação pastoral do Bispo Romero.

Uma história de dominação e luta por libertação

El Salvador[2] é o menor país da América Central. Com uma superfície de 21.041 km[2] e uma população de mais de 6 milhões de habitantes, está situado entre o Oceano Pacífico, Guatemala e Honduras. Por causa de sua beleza natural, é chamado o "país dos lagos e vulcões". É uma região de terra fértil, mas, por causa de sua localização geográfica, é frequentemente sacudida por terremotos, como os 1986 e 2001 (7,0 e 7,6 pontos na escala Richter). Sua população é majoritariamente mestiça (cerca de 90%) e de tradição católica (cerca de três quartos).

Por volta do século IX a região que hoje corresponde a El Salvador pertencia ao Império Maia. Em 1524, é conquistada pelo espanhol Pedro Alvarado, membro da expedição de Hernán Cortés. E permanecerá por três séculos sob o domínio espanhol como parte da Capitania-Geral da Guatemala. Em 1821, a região centro-americana se torna, juntamente com o México, independente da Espanha. Inicialmente, vincula-se ao Império Mexicano e dois anos depois declara sua própria independência e se constitui como Federação Centro-Americana. Em 1838, por causa da disputa de interesses locais, a Federação é di-

---

[2] Sobre El Salvador, cf.: HOORNAERT, Eduardo. *História do cristianismo na América Latina e no Caribe*. São Paulo: Paulus, 1994. p. 203-215. MEIßNER, Diethelm. *Die 'Kirche der Armen' in El Salvador;* Eine kirchliche Bewegung zwischen Volks und Befreiungsorganisationen und der verfassten Kirche. Neuendettelsau: Erlanger Verlag für Mission und Ökumene, 2004. UCA. *El Salvador;* Der Aufschrei eines Volkes. Ein Bericht der Zentralamerikanischen Universität in San Salvador. Mainz/München: Grünewald/Kaiser, 1984. ELLACURÍA, Ignacio. *Veinte años de historia en El Salvador (1969-1989);* escritos políticos. San Salvador: UCA, 1993. (Colección Estructuras y procesos, 3v.) SOL, Ricardo. *Para entender El Salvador.* San José, Costa Rica: DIE, 1980. PAX CHRISTI INTERNACIONAL. *Derechos humanos;* informe de la misión. Amberes, 1981. GOMEZ, Arias. *Farabundo Marti;* Volksaufstand in El Salvador. München: Magazin, 1980.

vidida em cinco Estados independentes, que se constituem repúblicas em 1841: Honduras, Guatemala, Nicarágua, Costa Rica e El Salvador.

Uma certa tensão entre a oligarquia tradicional e os setores influenciados pelas ondas liberais marcam as primeiras décadas de governo em El Salvador e em toda a América Central. Em todo caso, o poder (econômico e político) vai se consolidando e se concentrando nas mãos da elite rural, sobretudo dos "produtores" de café, principal atividade econômica de El Salvador na segunda metade do século XIX.[3]

Por sua vez, as condições de vida da grande maioria da população vão progressivamente se deteriorando. A situação se agrava com a crise econômica mundial de 1929: queda do preço do café, falência dos pequenos produtores, desemprego e diminuição dos salários. Toda essa situação foi criando um ambiente favorável à conscientização e mobilização da classe trabalhadora. A década de 1920, especialmente, é marcada por um crescente processo de organização da classe trabalhadora em El Salvador. Em 1922, acontecem os primeiros protestos dos trabalhadores das plantações de café. Em 1924, é fundada a Regional dos Trabalhadores, que, em 1932, contava com 75 mil filiados. Em 1930 (30 de março), é fundado o Partido Comunista de El Salvador.

O agravamento da crise social com a crise econômica de 1929 e o crescimento da organização da classe trabalhadora levaram o país a uma situação de instabilidade política que culminou com a derrocada do recém-eleito

---

[3]   Se em 1859 o café representava apenas 1% da exportação de El Salvador, em 1870 representa 17%; em 1874, 34%; em 1879, quase metade de toda exportação; e em 1894, 76% (MEIßNER, *Die 'Kirche der Armen' in El Salvador;...*, p. 60s, nota 9).

presidente Arturo Araújo (janeiro de 1931) pelo golpe militar (2 de dezembro de 1931), que impôs o general Maximiliano Hernández Martinez como presidente de El Salvador.

No entanto, o processo de conscientização e organização política da classe trabalhadora seguiu adiante e culminou no grande levante de 22-26 de janeiro de 1932, conduzido pelos agricultores Luis Díaz, Francisco Sánchez, Feliciano Ama (cacique de uma comunidade indígena) e pelo ativista político e secretário-geral do Partido Comunista Agustín Farabundo Martí. O levante terminou com o massacre de mais de 20 mil salvadorenhos(as), a maioria agricultores(as), e a execução dos líderes comunistas Alfonso Luna, Mario Zapata e Farabundo Martí no dia 1º de fevereiro de 1932. O massacre ficou conhecido na história e na consciência coletiva de El Salvador como "a matança" e Farabundo Martí – que pediu para ser executado de frente e de olhos abertos – tornou-se símbolo da resistência e da luta da classe trabalhadora em El Salvador.

"A matança" funcionou, por um lado, como advertência para a classe trabalhadora e, por outro lado, como "legitimação" do poder dos militares, que, desde então, não obstante algumas tensões e golpes internos, governam o país até 1979.

O período de governo dos militares foi marcado, simultaneamente, por um extraordinário crescimento econômico e um progressivo empobrecimento da população de El Salvador. Em um artigo onde analisa os fatores endógenos do conflito centro-americano e, particularmente, do conflito salvadorenho, Ignacio Ellacuría recolhe uma série de dados/informações que comprovam esse fato:[4]

1. Entre 1950-1978, a América Central teve um crescimento médio anual de 5,3%. No entanto, 65,2% de sua população vivia, no final da década de 1970, em estado de pobreza, sendo que 42,1% se encontrava em estado de extrema pobreza.

2. No caso concreto de El Salvador, constata-se um crescimento médio de 4,6% (1950-1955), 4,7% (1955-1960), 6,8% (1960-1965), 4,5% (1965-1970) e 5,2% (1970-1978). Não obstante, 68% da população se encontrava, no final da década de 1970, em estado de pobreza, sendo que 50,6% vivia em estado de extrema pobreza.

3. Entre 1965-1967 e em 1974, a participação dos 20% mais pobres da população na renda total de El Salvador diminuiu de 3,2% para 2,8%. Por outro lado, a participação dos 20% mais ricos passou de 38,1% para 66,4%, no mesmo período.

4. Em 1979, sessenta grupos familiares controlavam 57,2% de todas as empresas privadas e 84% do capital de El Salvador; aos demais grupos e indivíduos cabia 42,8% das empresas e 15,5% do capital. Com relação à estrutura da propriedade, 76 proprietários (0,2% dos proprietários) controlavam 15,7% do capital total, enquanto 12.652 proprietários (37,2% do total) detinham apenas 4,53% do capital.

5. A situação se agrava enormemente no período da guerra civil com a progressiva queda do PIB nacional por

---

[4] ELLACURÍA, Ignacio. Factores endógenos del conflicto centroamericano: crisis económica y desequilibrios sociales. In: Veinte años de historia en El Salvador (1969-1989);..., v. I, p. 139-172.

habitante: + 13% (1970-1974), + 8% (1975-1979) e - 34,8% (1980-1984).

6. Neste período, o poder aquisitivo real dos salários, sobretudo dos trabalhadores do setor agropecuário, diminuiu enormemente. Em comparação com o salário em 1970 (100%), que já era baixo, diminui para 82,9% em 1980 e para 57,9% em 1984. Apenas em alguns serviços sazonais (colheita de café e açúcar e algumas indústrias agrícolas) houve uma melhoria salarial em relação a 1970.

Toda essa situação foi criando e consolidando, não obstante o progressivo processo de militarização do país, com sua política de "segurança nacional", um sentimento de insatisfação e indignação social que, aos poucos, foi sendo articulado e se constituindo como força política popular de caráter revolucionário, sobretudo no final na década de 1970. É interessante observar que os países centro-americanos onde os movimentos revolucionários cresceram mais foram exatamente os países com maior índice de pobreza: Nicarágua (88,5%), Guatemala (79%) e El Salvador (68,1%).

A luta propriamente revolucionária foi "preparada" por um longo processo de conscientização e organização, no qual atuaram forças sociais diversas e, mesmo, interesses diversos. Ellacuría destaca as três forças mais significativas: primeiro, um protesto contra as formas ditatoriais e absolutistas de governo, nascido de um sentimento e ideologia de caráter mais liberal ou democrático. Segundo, uma linha mais marxista dentro do marco teórico-prático da luta de classes. Terceiro, uma linha mais cristã – moderadamente reformista (Doutrina Social da Igreja) ou mais revolucionária (Teologia da Libertação) – de defesa da justiça e da liberdade.[5] Não obstante os conflitos de interesse e de perspectiva, essas forças sociais diversas foram mobilizando e articulando a indignação e os sempre mais constantes protestos no país e criando um ambiente propício à polarização e ao conflito social, que, no limite, desembocou no conflito armado. A vitória da Revolução Sandinista na Nicarágua, em 19 de julho de 1979, confirmou e impulsionou em setores cada vez mais amplos a opção pelo caminho revolucionário de transformação da sociedade. A essas alturas a mobilização social já envolvia enormes setores da população e a guerrilha começava a tomar corpo.

Quanto mais crescia a organização popular, mais aumentava a reação da elite, especialmente da oligarquia rural, e a militarização do país. A repressão contra as manifestações e organizações populares e a perseguição (prisão, expulsão, tortura, morte etc.) de lideranças sociais – até mesmo eclesiais – cresciam assustadoramente, tanto por parte do Estado quanto por parte dos grupos paramilitares. A Igreja Católica, sob a presidência do Bispo Oscar Romero, era praticamente a única instituição que ainda podia falar – não obstante a perseguição que suas lideranças passaram a sofrer. Perseguição que culminou no assassinato de Romero no dia 24 de março de 1980.

O conflito chegou ao limite. O enfrentamento se tornou inevitável.

Por um lado, a luta e a organização dos setores populares adquiriram um caráter de massa com crescente

---

[5] Cf. Ibid., p. 169.

adesão aos movimentos revolucionários. Constituíram-se enormes redes de articulação e os pequenos focos de guerrilhas se transformaram em verdadeiros exércitos. Primeiro é criada a *Cordenadoria Político-Militar* (janeiro de 1980) para dar unidade ao processo revolucionário. Ela desembocará na criação do Exército Revolucionário do Povo (março de 1980). Depois, a *Cordenadoria Revolucionária de Massas* (21 de janeiro 1980), articulação das organizações políticas de massas; a *Frente Democrático Revolucionária* (abril de 1980), ampla aliança de todos os setores e organizações progressistas e revolucionárias; a *Direção Revolucionária Unificada* (maio de 1980), comando unificado da revolução; e, por fim, a FMLN – *Frente Farabundo Martí para a Libertação Nacional* (outubro de 1980). Grandes manifestações, como a grande Marcha da Unidade no dia 22 janeiro (cerca de 100 mil pessoas) e a greve geral em junho, que parou completamente o país por três dias, demonstravam o respaldo e a participação populares na revolução em curso.

Por outro lado, a oligarquia rural, o Estado e suas forças militares e os grupos paramilitares radicalizam a repressão com massacres, prisões, torturas, terrorismo, mortes, expulsão do país etc. Tudo isso, claro, com o apoio econômico, político e ideológico dos Estados Unidos, sem o qual não teria sido possível manter e levar adiante tamanha repressão. Sobretudo depois da vitória da Revolução Sandinista na Nicarágua – por seu possível efeito dominó na região centro-americana, a começar por El Salvador – a intervenção estadunidense na América Central, particularmente em El Salvador, configurou-se como verdadeiro governo paralelo. El Salvador tornou-se *o* problema do governo Ronald Reagan. O "perigo comunista" que ameaça a região – fronteira dos EUA! – desde as primeiras décadas do século XX e que levou os Estados Unidos a apoiar os governos militares em El Salvador desde "a matança" de 1932, assim como os demais países da América Latina, fortaleceu-se com a vitória da revolução cubana em 1959 e, recentemente, com a onda de movimentos revolucionários na América Central. Já triunfou na Nicarágua, pode triunfar em El Salvador e, como efeito dominó, em toda a América Central – com um "efeito simbólico"[6] terrível para os Estados Unidos no contexto da "Guerra Fria". Por isso tem de ser derrotado a qualquer preço. E como uma invasão militar direta, depois da derrota no Vietnã (1975), provocaria uma reação contrária muito grande na população estadunidense, a saída era apoiar "indiretamente" seus aliados dentro do país, isto é, os militares. Por isso que o governo de Reagan não apenas aumentou os investimentos econômicos em El Salvador,[7] como também o direcionou sempre mais para as atividades militares. Entre 1981-1985, por exemplo, 44,1% dos investimentos estadunidenses em El Salvador foram destinados para atividades indiretamente ligadas à guerra, 30% para ati-

---

[6] O "efeito simbólico" da possível vitória dos movimentos revolucionários na América Central – e que fez da América Central *o problema* do governo estadunidense – foi formulado por Ellacuría da seguinte maneira: "Se junto à nossa própria fronteira não somos capazes de pôr freio nos comunistas e dar apoio aos nossos amigos democráticos, perderemos toda credibilidade com nossos aliados, cujas fronteiras estão muito mais distantes. Trata-se, fundamentalmente, de um problema ideológico, de um problema de contágio de consciências, cuja formulação poderia ser a seguinte: se a injustiça estrutural pode conduzir a uma revolução triunfante na própria fronteira dos Estados Unidos, com maior razão poderá conduzir em lugares onde é mais difícil ideológica e logisticamente a presença norte-americana. Talvez aqui se esconda a maior gravidade e importância do problema centro-americano. Estar-se-ia provando apequenadamente um processo que pudesse ter alcance universal" (Id. Centroamérica como problema. In: *Veinte años de historia en El Salvador (1969-1989)*;..., p. 127).

[7] Cf. UCA, *El Salvador*;..., p. 54ss.

vidades ligadas diretamente à guerra, 15,4% para reformas e desenvolvimento do país e 10,5% para ajuda em alimentos.[8]

Nos primeiros quatros anos de guerra, nada menos que mais de *40 mil mortos* – 1% de toda a população de El Salvador! – e *300 mil refugiados* na capital do país, em outros países da América Central e no México. Os números de mortos, desaparecidos e refugiados dos primeiros anos da guerra, embora sempre parciais,[9] falam por si mesmos:

1. Mortos/feridos em operações militares:

    1.1. Pelo Exército/Força de Segurança/Paramilitares: 371 (1980); 801 (1981); 5.568 (1982 até maio de 1983) – total geral: 6.740

    1.2. Pela FMLN – entre outubro de 1982 e maio de 1983:

        1.2.1. Segundo os jornais e o Comitê de Imprensa das Forças Armadas: 2.433

        1.2.2. Segundo a FMLN: 1.214

2. População civil assassinada:

    2.1. Mortos pelo Exército/Força de Segurança/Paramilitares: 580 (1978 a outubro de 1979); 13.194 (outubro de 1979-1980); 13.229 (1981); 4.419 (1982); 2.823 (até julho de 1983) – total geral: 34.245

---

[8] Segundo o informe "Ajuda norte-americana a El Salvador: uma avaliação do passado, uma proposta para o futuro", apresentado em fevereiro de 1985 ao Grupo de Controle de Armamento e Política Exterior do Congresso dos EUA (apud ELLACURÍA, *Veinte años de historia en El Salvador (1969-1989)*;..., p. 151).

[9] Cf. UCA, *El Salvador*;..., p. 62-72.

2.2. Mortos pela FMLN: 800 (1980); 300 (1981); 82 (1982); 33 (até agosto de 1983) - total geral: 1.215

2.3. Desaparecidos: 80 (1979); 467 (1980); 706 (1981); 1.414 (1982); 315 (1983) - total geral: 2.982.

3. Refugiados em meados de 1981: 100 mil (São Salvador, capital de El Salvador); 70 mil (México); 10 mil (Belize); 60 mil (Honduras); 25 mil (Nicarágua); 20 mil (Costa Rica); 15 mil (Panamá).

No "final" da guerra, em 1992, o número de mortos chegou a 75 mil. São números, em si mesmos, alarmantes, cujos sofrimentos e tragédias que ocultam são incalculáveis.

Os anos foram passando e a guerra foi-se configurando como uma guerra sem fim, sem vencedores nem vencidos. Nesse contexto foi-se impondo, por forças internas e externas, a necessidade de se empreender um diálogo entre os dois principais grupos em conflito: os militares e os EUA e as forças revolucionárias. O agravamento da situação social e a progressiva destruição do país, por um lado, a pressão política externa, por outro, evidenciavam a necessidade e a urgência do diálogo.

Com o respaldo e sob a pressão de setores cada vez mais amplos do povo salvadorenho e da comunidade política internacional, a Igreja Católica, através do Arcebispo de El Salvador Rivera y Damas, toma a iniciativa de propor e articular um *debate nacional* que resultou na criação do Comitê Permanente de Debate Nacional (CPDN) em 1988, reunindo setores e organizações os mais diversos do país. Grandes manifestações em defesa do diálogo e da negociação foram articuladas – como a de setembro de

1989, que reuniu entre 60 e 100 mil pessoas – e aos poucos, não obstante as enormes resistências, foi-se iniciando um diálogo entre os militares e o comando da guerrilha, principais focos do conflito.

O processo culminou com um *Acordo de Paz*[10] mediado pela ONU em 1992. O ponto central do acordo era o fim do conflito armado, o que, evidentemente, só foi possível sob determinadas condições para ambas as partes envolvidas no conflito: plano de unificação dos exércitos (dos militares e das forças revolucionárias) e reincorporação de uma parte das tropas revolucionárias na vida civil; função das Forças de Segurança limitada à defesa nacional; dissolução do batalhão de elite; controle civil do poder militar; redução das tropas militares de 60 mil para 30 mil homens; constituição de uma comissão de avaliação do papel dos oficiais na violação dos direitos humanos em El Salvador; constituição de uma nova polícia civil nacional composta por membros da Polícia Nacional (um terço), das forças revolucionárias (um terço) e por membros desvinculados de ambas as partes (um terço); retomada do plano de reforma agrária de 1980,[11] embora de acordo com sua revisão em 1983;[12] compra, por parte do governo, das terras ocupadas pelos trabalhadores, nas zonas controladas pelas forças revolucionárias, aos antigos proprietários; crédito para pequenos e médios empresários do setor agrário; constituição da FMLN como partido político, entre outras. Para mediar todo esse processo,

---

[10] Cf. MEIßNER, *Die 'Kirche der Armen' in El Salvador;...*, p. 290-300.

[11] Trata-se do Decreto 153, de 6 de março de 1980, que previa, numa primeira fase, a desapropriação das áreas acima de 500ha (o que teoricamente representava 16% da área agrícola de El Salvador) e, numa segunda fase, de áreas entre 100 e 500ha (25% da área agrícola). Cf. Ibid., p. 234.

[12] Segundo a qual apenas propriedades acima de 245ha poderiam ser desapropriadas. Cf. Ibid., n. 287.

foi constituída uma *Comissão Nacional pela Paz* formada por representantes do Exército, da FMLN, do governo e dos partidos representados no parlamento.

E assim se foi construindo um caminho de superação do impasse criado pela absolutização dos fins e dos meios, por ambas as partes, e uma nova estratégia de luta. Evidentemente, não se deu a transformação social esperada e os problemas, longe de terem sido resolvidos, aumentaram. Além do mais, a conjuntura político-eclesial favorável aos movimentos e organizações populares mudaram enormemente no decorrer da guerra. Isso não significa que a luta tenha fracassado. Fracassou, sem dúvida, uma estratégia de luta. E isso provoca uma certa retração e desmobilização sociais. Mas os problemas permaneceram e até aumentaram, e a resistência continua. Certamente, por outros caminhos – menos extremistas, mais realistas, talvez, mas nem por isso menos radicais.

A Igreja e a construção da paz em uma sociedade violenta

Defrontar-se com a história de *El Salvador* é, portanto, defrontar-se com uma história de dominação e de luta por libertação extremas. *Dominação* que começa com os invasores/colonizadores espanhóis e que continua, sobretudo, com a oligarquia rural local – que, além de se apropriar do Estado e de suas forças militares e de contar com a "bênção" do governo estadunidense, articula e banca vários grupos paramilitares, verdadeiros grupos de extermínio e de terrorismo. E *luta* que começa com as resistências à dominação espanhola, continua nos movimentos independentistas de cunho liberal e vai se consolidando através de pequenas e grandes mobilizações e organizações populares até se estruturar como guerrilha e retomar o caminho do enfrentamento político. Tudo isso foi fazendo com que a sociedade salvadorenha fosse sendo estruturada *sob o signo do conflito e da violência*. "A violência não é um broto epidérmico em El Salvador, mas um dos elementos de sua atual estrutura histórica que surge do modo como está estruturado nosso país e que, por sua vez, repercute sobre sua estruturação."[13]

Como parte desse povo e dessa história, a Igreja salvadorenha só pode ser entendida dentro desse processo. Ela chegou nestas terras como parte e instrumento ideológico do projeto colonial. Foi-se estruturando, sobretudo institucionalmente, como força conservadora e legitimadora dos grupos dominantes – primeiro, os espanhóis; depois, a elite local. Reagiu contra os movimentos independentistas (de caráter mais liberal e secular), aliou-se aos setores mais conservadores da elite local, ficou do lado do governo na "matança" de 1932 – aconteceu, mesmo, no dia 28 de fevereiro de 1932, uma missa de ação de graças na Catedral de El Salvador, com a participação dos mais importantes representantes do governo, dos militares, da Guarda Nacional etc. – e esteve sempre, salvo algumas tensões de interesses corporativistas, muito bem com os militares e a oligarquia rural e contra tudo que cheirava

---

[13] ELLACURÍA, Ignacio. Comentarios a la carta pastoral. In: *Veinte años de historia en El Salvador (1969-1989)*; escritos políticos. v. II, p. 679-732 – aqui, p. 714. "Quando se trata de problemas estruturais, é preciso dar-se conta de que todos os elementos dependem uns dos outros, mas também é preciso perguntar-se qual dos elementos é o principal. No caso da violência em El Salvador, as distintas formas que se apresentam estão todas relacionadas entre si: o acréscimo de uma delas repercute em todas as demais. Mas uma delas é a principal, de tal modo que, se ela desaparecesse, todas as demais cairiam por seu próprio peso. Esta forma principal de violência, da qual dependem em máxima medida todas as demais, é a chamada violência institucionalizada" (Ibid.).

a comunismo. A situação começou a mudar na segunda metade do século XX. Por um lado, por receio da expansão dos ideais e movimentos socialistas, o que exigia uma resposta "alternativa" aos crescentes problemas sociais. Por outro lado, por causa das renovações que o Concílio foi introduzindo na Igreja mundial, sobretudo por causa dos novos rumos traçados pela Conferência de Medellin para a Igreja latino-americana.

O movimento de renovação conciliar foi ganhando corpo através das Semanas de Estudo sobre Pastoral de Conjunto (1968, 1970, 1976) e, especialmente, através da articulação de um Grupo de Reflexão Pastoral formado por padres interessados em uma pastoral mais consequente em El Salvador. A articulação começa em 1968, com a primeira Semana de Pastoral de Conjunto, e logo se vinculará ao nascente movimento eclesial chamado Teologia da Libertação. Ela vai crescendo, sobretudo, no poder de influência pastoral através da formação de Comunidades Eclesiais de Base, da formação de lideranças (em abril de 1968 acontece o primeiro curso de preparação para *delegados da Palavra*), da defesa dos direitos humanos e da crescente aliança com as organizações sociais. Todo esse processo que vai tomando corpo na vida eclesial terá seu auge nos anos 1977-1980, sob a presidência de Oscar Romero. E tanto pela radicalização da situação de empobrecimento da população quanto pelo crescente movimento de tomada de consciência e de organização da população, particularmente dos cristãos, quanto, ainda, pela radicalização da repressão por parte do Estado e dos grupos paramilitares.

Oscar Romero assume a Arquidiocese de São Salvador no dia 20 de fevereiro de 1977. Havia muita expectativa (de uns) e receio (de outros) de o então bispo auxiliar de El Salvador, Arturo Rivera, ser nomeado arcebispo. Ele vinha acompanhando e apoiando o movimento de renovação eclesial, sobretudo a partir das Semanas de Pastoral de Conjunto. Sua nomeação significaria uma confirmação e um impulso à Pastoral em curso. No entanto, foi nomeado Romero: ele foi nomeado arcebispo precisamente por sua posição conservadora diante do movimento de renovação conciliar em curso e, sobretudo, por sua boa relação (sem conflito!) com os setores dominantes de El Salvador. Sua nomeação causou muito alívio e satisfação nos setores dominantes, particularmente nos militares e na oligarquia rural, e muita frustração nos setores populares e comprometidos da Igreja e da sociedade. Ela foi marcada por expectativas (para uns) e temores (para outros) de uma volta aos anos pré-Concílio Vaticano II.

Entretanto, com o aumento da repressão e, particularmente, com a sistemática e progressiva perseguição às lideranças eclesiais, sobremaneira aos padres comprometidos com a luta pela justiça social, a situação vai mudando de rumo.

Menos de um mês à frente da arquidiocese, foi assassinado o jesuíta Padre Rutilo Grande (12 de março de 1977). Padre Grande, antigo diretor do seminário e amigo pessoal de Romero, era conhecido por seu envolvimento no processo de renovação eclesial e por seu compromisso social. Romero preside seus funerais e toma duas importantes decisões, que surpreenderão a todos e marcarão o início de seu processo de ruptura com os setores dominantes (políticos e eclesiais), por um lado, e de aproximação dos setores populares, por outro: no domingo seguinte (20 de março) haverá uma "única missa" em toda a arquidiocese, na Catedral de São Salvador, e ele "não participará em atos oficiais até que a situação seja esclarecida". A notícia soou como uma bomba! Não obstante a resistência do episcopado, do núncio e da elite salvadorenhos – que consideravam a decisão "provocativa e perigosa" – ele manteve a decisão. A "única missa" aconteceu com a participação de cerca de 100 mil pessoas e ele não participou da posse do novo presidente de El Salvador no 1º de julho (apenas o núncio e os Bispos Alvarez e Barrera estiveram presentes). Era um fato inédito na história de El Salvador – com poder simbólico-político incalculável. Mas a perseguição às lideranças eclesiais estava apenas começando. No dia 11 de maio foi assassinado o Padre Alfonso Navarro, na Colônia Miramonte. No dia 19 de maio, a igreja e o sacrário da cidade de Aguilares foram destruídos pelos militares. Entre os meses de maio e junho foram espalhados folhetos em São Salvador com os dizeres "seja patriota, mate um padre". Difamação nos meios de comunicação, prisão, tortura, expulsão e assassinato de lideranças eclesiais, ocupação e destruição de prédios eclesiais etc. foram se tornando cada vez mais cotidianos. E como ele mesmo dirá poucos meses antes de seu martírio:

> Se tudo isso aconteceu com pessoas que são os representantes mais evidentes da Igreja, bem podeis imaginar o que ocorreu com os cristãos comuns, com os camponeses, os catequistas, os ministros leigos, e com as comunidades eclesiais de base. Houve centenas e milhares de ameaças, prisões, torturas, assassínios...[14]

---

[14] ROMERO, Oscar. A dimensão política da fé dentro da perspectiva da opção pelos pobres. In: VV. AA. *Voz dos sem voz*; a palavra profética de Dom Oscar Romero. São Paulo: Paulus, 1987. p. 261-275 – aqui, p. 268.

É nesse contexto que se dá a conversão de Romero, e que a Igreja de São Salvador, sob sua presidência, confirma e leva às últimas consequências o processo de renovação eclesial e de compromisso social em curso e se constitui como uma das principais forças sociais de construção da paz em El Salvador. Muita coisa se poderia falar da experiência de El Salvador e particularmente do pastoreio de Romero. Aqui nos concentraremos em sua contribuição para a construção da paz em El Salvador, destacando os pontos que nos parecem mais relevantes.

Redefinição da identidade da Igreja a partir de sua missão salvífica

A Igreja não existe para si mesma, mas para a salvação do mundo, como instrumento de salvação, a começar pelas vítimas, os pobres. Sua missão fundamental não consiste em se autorreproduzir (crescer em tamanho, poder, privilégios etc.), mas na salvação das vítimas. Esse descentramento eclesial que na *prática* vai se configurando como denúncia profética do pecado da injustiça e da violência, defesa dos direitos humanos, serviços às comunidades pobres, compromisso com suas causas e lutas e, no limite, como testemunho radical, martírio, vai sendo explicitado, *teoricamente*, como serviço ao mundo, continuação da obra redentora de Cristo no mundo, realização do Reinado de Deus na história.

Em sua primeira carta pastoral (10 de abril de 1977), *A Igreja pascal*, ainda muito pouco latino-americana, ao falar da Igreja como sacramento, sinal e instrumento da Páscoa, Romero falava de "uma Igreja que não vive para si mesma, mas vive para servir como instrumento de

Cristo na redenção de toda a humanidade", e reafirmava, retomando os ensinamentos do Concílio e da encíclica *Evangelii Nuntiandi*, de Paulo VI, a "ligação entre a verdadeira evangelização e a promoção humana".[15]

Mas é em sua segunda carta pastoral (6 de agosto de 1977), *A Igreja, corpo de Cristo na história*, que Romero, já na perspectiva latino-americana inaugurada por Medellin, aprofundará a identidade da Igreja a partir de sua missão no mundo. Depois de abordar "a missão da Igreja hoje" (relação Igreja-mundo, unidade da história, pecado do mundo e necessidade de conversão), fala da Igreja como "corpo de Cristo na história":

> A Igreja é o Corpo de Cristo na História [...]. A Igreja é a carne em que Cristo torna presente através dos séculos sua própria vida e missão pessoal [...]. A Igreja só pode ser Igreja à medida que continua sendo o Corpo de Cristo. Sua missão só será autêntica à medida que for a missão de Jesus nas situações novas, nas circunstâncias novas da história [...]. A Igreja é a comunidade dos que professam a fé em Jesus Cristo como único Senhor da história. É uma comunidade de fé, cuja obrigação primordial, sua razão de ser, é continuar a vida e obra de Jesus.[16]

Ao falar de Jesus Cristo (pessoa, ensinamento e atividade) e de seu corpo, a Igreja, fala da proclamação do Reino principalmente aos pobres, da denúncia do pecado e do chamado à conversão e da realização do Reino. Por fim, fala da atual situação da Igreja de São Salvador: das acusações que vem recebendo (de pregar o ódio e a subversão, de ter se tornado marxista e de se intrometer na política), do testemunho de uma Igreja perseguida

---

[15] Id., A Igreja pascal. In: *Voz dos sem voz;...*, p. 79-94 – aqui, p. 87 e 90.

[16] Id., A Igreja, corpo de Cristo na história. In: *Voz dos sem voz;...*, p. 95-126 – aqui, p. 105s e 109s.

"no exato momento em que ela começa a ser fiel à sua missão"[17] e, consequentemente, da crescente unidade e rejuvenescimento da Igreja de São Salvador.

Essa configuração prático-teórica da Igreja a partir de sua missão salvífica leva a uma *encarnação no mundo dos pobres*. Encarnação que, longe de afastar a fé daquilo para o qual ela impele, a conduz para o seu "verdadeiro lar"; e que, longe de comprometer a universalidade de sua missão salvífica (excluindo os ricos e poderosos), a realizará a partir de sua parcialidade evangélica ("ela prestará serviço também aos poderosos, através do apostolado de conversão"):

> É dentro desse mundo destituído de face humana, deste sacramento contemporâneo do servo sofredor de Javé, que a Igreja de minha arquidiocese decidiu encarar-se. Não digo isso com espírito triunfalista, pois estou bem consciente de quanto resta a fazer neste campo. Mas digo-o com imensa alegria, porque fizemos um esforço não para passar ao largo, não para circundar o que jaz ferido na estrada (não desviar do ferido), mas para nos aproximarmos dele ou dela como fez o bom samaritano.[18]

Só uma Igreja descentrada de si mesma e centrada em sua missão salvífica é capaz de, como Jesus, encarnar-se

---

[17] Ibid., p. 119. "Perseguir a Igreja [...] não consiste apenas em atacá-la diretamente, privando-a de privilégios, ou ignorando-a juridicamente. A mais séria perseguição que se possa fazer contra a Igreja é a de impossibilitá-la de desempenhar sua missão e, ainda, a de atacar aqueles a quem se dirige sua palavra de salvação [...]. A Igreja é perseguida quando não lhe permitem proclamar o Reino de Deus e tudo o que ele acarreta em termo de justiça, paz, amor e verdade; quando não lhe permitem denunciar o pecado de nossa terra que mergulha o povo na miséria; quando os direitos do povo de El Salvador não são respeitados; quando aumenta o número dos desaparecidos, dos mortos, dos caluniados [...]. A Igreja é respeitada, elogiada, até alvo de privilégios, quando prega a salvação eterna e não se envolve com os problemas reais do nosso mundo. Mas se a Igreja é fiel à sua missão de denunciar o pecado que provoca a miséria para tantos e se proclama sua esperança num mundo mais justo, mais humano, então ela é perseguida e caluniada, é censurada como sendo subversiva e comunista" (Ibid., p. 120s).

[18] Id., A dimensão política da fé dentro da perspectiva da opção pelos pobres, p. 265.

na realidade desfigurada pelo pecado e ser aí, a partir de dentro, sinal/fermento de salvação.

Compreensão e denúncia da pecaminosidade e complexidade da violência

Essa encarnação no mundo dos pobres permite e promove tanto uma melhor compreensão da pecaminosidade e complexidade da violência quanto sua denúncia profética.

A *violência* é *pecado* porque oprime e mata. "O pecado matou o Filho de Deus e é o pecado que continua matando os filhos de Deus." Sabemos o que é o *pecado* e que ele é mortal, diz Romero, pela *morte* que produz. "E não só no sentido da morte interior da pessoa que o comete, mas igualmente por causa da morte real e objetiva que o pecado produz". Afinal, "é impossível ofender a Deus sem ofender o irmão ou a irmã". Por isso mesmo, afirma Romero, "por mais trágico que pareça, a Igreja, mediante sua entrada no mundo sociopolítico real, aprendeu a reconhecer e a aprofundar sua compreensão do pecado e da essência deste. A essência fundamental do pecado, em nosso mundo, revela-se na morte dos salvadorenhos".[19] Daí por que a encarnação no mundo dos pobres ajudou a compreender melhor a pecaminosidade da violência.

Mas, além de ser uma realidade pecaminosa, a *violência* é uma realidade profundamente *complexa* – configurada sob as mais diferentes formas. Tanto em sua terceira carta pastoral (6 de agosto de 1978), *A Igreja e as*

---

[19] Ibid., p. 270s.

organizações políticas populares,[20] quanto em sua quarta carta pastoral (6 de agosto de 1979), *A missão da Igreja em meio à crise nacional*,[21] Romero procura explicitar essa complexidade, distinguindo os "diferentes tipos de violência", ponderando-os e hierarquizando-os.

Em primeiro lugar, ele fala da *violência institucionalizada* que priva a maioria dos salvadorenhos "do necessário para viver". Essa violência

> assume forma concreta na distribuição injusta das riquezas e da propriedade – especialmente quando inclui o latifúndio – e, de modo mais geral, neste amálgama de estruturas econômicas e políticas, mediante as quais uns poucos vão ficando cada vez mais ricos e poderosos, ao passo que o resto vai ficando mais pobre e mais fraco.[22]

Responsáveis por essa violência são tanto "os que monopolizam o poder econômico em vez de compartilhá-lo" – usando, até, a violência para defender seus privilégios – quanto "os que permanecem passivos por medo do sacrifício e do risco pessoal incluídos em qualquer ação corajosa e eficiente".[23] Essa é "a forma mais aguda" de violência na América Latina e, concretamente, em El Salvador; "a raiz mais profunda dos graves males que nos afligem, inclusive a renovada explosão de violência"; "a causa de outras inúmeras crueldades e atos mais evidentes de violência".[24]

Em segundo lugar, ele fala da *violência repressiva do Estado*, isto é, "do uso da violência pelo Estado e suas for-

---

[20] Id., A Igreja e as organizações populares. In: *Voz dos sem voz*;..., p. 127-170.

[21] Id., A missão da Igreja em meio à crise nacional. In: *Voz dos sem voz*;..., p. 171-239.

[22] Ibid., p. 216.

[23] Id., A Igreja e as organizações populares, p. 160.

[24] Id., A missão da Igreja em meio à crise nacional, p. 216.

ças de segurança a fim de conter as aspirações da maioria, esmagando violentamente todos os sinais de protesto contra a injustiça que mencionamos".[25] Baseado na doutrina da "Segurança Nacional", o Estado reprime "com violência sempre mais crescente e com injustiça cada vez maior" (prisão, tortura, assassinato, desaparecimento etc.) "qualquer voz discordante contra a atual forma de capitalismo e contra as instituições políticas que a apoiam".[26] Trata-se não apenas de uma forma de violência real, mas também de uma violência injusta, porque, através dela, o Estado "defende a manutenção do sistema político e econômico dominante" e "impede o povo de ter a oportunidade real de usar seu direito fundamental de autogoverno".[27]

Em terceiro lugar, ele fala da *violência sediciosa ou terrorista*, praticada por grupos de extrema direita e de extrema esquerda, geralmente "organizada e concretizada sob a forma de guerrilhas ou de terrorismo". Trata-se de uma violência "que produz e provoca inúteis e injustificáveis derramamentos de sangue, que expõe a sociedade a tensões explosivas que superam o controle da razão e afasta, por princípio, qualquer forma de diálogo como meio possível de resolver conflitos sociais".[28]

Em quarto lugar, fala da *violência revolucionária ou violência da insurreição*, reconhecida, em "circunstâncias muito excepcionais", como *justa* (pela Constituição salvadorenha) e *legítima* (pela moral católica tradicional). Trata-se, de acordo com a encíclica *Populorum Progressio* (n. 31) e com o *Documento de Me-*

---

[25] Id., A Igreja e as organizações populares, p. 161.

[26] Id., A missão da Igreja em meio à crise nacional, p. 216.

[27] Id., A Igreja e as organizações populares, p. 161.

[28] Ibid.

dellin (Paz, n. 19), de uma situação em que se dá "uma tirania evidente e prolongada, que atenta seriamente contra os direitos humanos fundamentais e prejudica gravemente o bem comum do país, quer isto provenha de uma só pessoa, quer de estruturas claramente injustas".[29]

Em quinto lugar, fala do que Ellacuría chama de "violências resultantes", isto é, "aquelas violências que não teriam surgido se não fossem provocadas por outras violências que são as realmente originárias": a violência institucional e repressiva e a violência terrorista (até mesmo no caso da violência terrorista de esquerda, que, embora sendo suscitada por uma ordem injusta, "adquire com frequência certa autonomia e se constitui como instituição ofensiva, que já não é mera resposta").[30] Trata-se da *violência espontânea* e da *violência em legítima defesa*. A primeira se refere "a uma reação imediata, não calculada nem organizada, por parte de um grupo de indivíduos, quando são violentamente atacados no exercício de seus legítimos direitos" (greves, manifestações etc.). A segunda se dá quando "um grupo ou um indivíduo repele por meio da força a agressão injusta de que foi alvo".[31]

Por fim, fala da *violência ou poder da não violência*, como a praticada por Gandhi na Índia e por Martin Luther King nos EUA. "O *conselho* do Evangelho de oferecer a outra face diante de uma agressão injusta", diz Romero, "longe de ser passividade e covardia, evidencia

---

[29] Ibid., p. 217.

[30] ELLACURÍA, Comentarios a la carta pastoral, p. 719.

[31] ROMERO, A Igreja e as organizações populares, p. 161s.

a grande força moral, capaz de deixar um agressor moralmente derrotado e humilhado."[32]

Romero não apenas reconheceu as diversas formas de violência em El Salvador, mas percebeu que umas são mais radicais e originantes (institucional, repressiva e terrorista) e que outras são mais derivadas e originadas (revolucionárias ou insurrecionais, espontâneas ou em legítima defesa). Além do mais, reconheceu com a Tradição da Igreja que, em determinadas circunstâncias e sob determinadas condições, o uso da violência pode ser legítimo e até necessário.

E, assim, compreendendo com o coração e com a razão a pecaminosidade e a complexidade da violência, pôde ajudar a Igreja a exercer de uma forma radical sua missão profética – denunciando todas as formas de pecado, particularmente o pecado da violência, e proclamando a verdade. Não é sem razão que se fala de Romero como profeta, como aquele que foi assassinado porque disse a verdade. Suas homilias dominicais são a expressão mais acabada de sua profecia e da verdade de El Salvador. Como diz Jon Sobrino,

> por causa de sua fé em Deus, o arcebispo Romero associava a luta pela justiça com a proclamação da verdade. Jamais alguém falou tanto e tão claramente sobre a real situação do país [...]. Seus sermões dominicais eram ouvidos por muitos, porque neles se encontrava a expressão da situação real do país. Na sua pregação, as esperanças e os sofrimentos cotidianos – que os meios

---

[32] Ibid., 162. Falando sobre a eficácia social e política desse tipo de violência – que aparentemente não é violência –, especialmente para os movimentos populares camponeses, Ellacuría afirma que ela, se bem concebida e bem organizada, "não apenas permite avançar muito mais na base organizada e freia as más consequências que podem surgir, mesmo contra sua vontade, do uso de ações violentas, mas também faz mais irracional e imoral o esforço por reprimir o que, nem na causa nem na forma, dá pretexto para alguma forma de repressão". ELLACURÍA, Comentarios a la carta pastoral, p. 721.

de comunicação geralmente ignoravam ou distorciam – eram traduzidos e expressos com clareza [...]. Este amor pela verdade, esta exposição mediante a palavra do estado real dos problemas achavam-se enraizados na fé que Dom Romero tinha em Deus [...]. Acreditou que Deus é também o Deus da verdade. Ele viu nas verdades evidentes na história um sinal das exigências que Deus nos fazia e uma manifestação de Deus na história.[33]

Apoio e promoção de todos os esforços e iniciativas de superação da violência, particularmente as organizações populares

Mas não basta perceber a pecaminosidade e complexidade da violência e proclamar profeticamente a verdade. É preciso ir mais longe e apoiar e promover todos os esforços e iniciativas de superação da violência, especialmente os esforços e iniciativas de suas vítimas. Até mesmo quando, em *determinadas circunstâncias* e sob *determinadas condições*, se necessita recorrer ao uso da violência.

Por isso mesmo Romero apoiou e estimulou – com lucidez e criticidade – todos os esforços, dentro e fora do país, de transformação social e abertura política em El Salvador, particularmente as organizações populares. Sem ingenuidade nem pessimismo. Nunca perdeu a esperança, mas também nunca perdeu o senso da realidade. Entre o ideal e as reais possibilidades históricas foi dinamizando e animando o trabalho pastoral de sua Igreja de modo a "estimular e favorecer os esforços do povo no sentido de criar e desenvolver suas próprias organizações de base,

---

[33] SOBRINO, Jon. Uma visão teológica de Oscar Romero. In: VV. AA. *Voz dos sem voz*; a palavra profética de Dom Oscar Romero. São Paulo: Paulus, 1987. p. 35-78 – aqui, p. 40s.

pela reivindicação e consolidação de seus direitos e pela busca de uma verdadeira justiça" (*Medellin*, Paz, n. 27).

Sua terceira carta pastoral (6 de agosto de 1978), escrita conjuntamente com o bispo Rivera, é dedicada exatamente à relação entre *A Igreja e as organizações políticas populares*.[34] A proliferação dessas organizações em El Salvador, diziam, "constitui para nós um dos 'sinais dos tempos' que desafia a Igreja a exercer seu poder e seu dever de discernimento e de orientação à luz da Palavra de Deus que lhe foi dada para ser aplicada aos problemas históricos".[35] E não apenas pelo fato histórico de sua existência, mas também, e em última instância, por seu potencial salvífico.

Na primeira parte da carta eles analisam "a situação das organizações sociais em El Salvador", particularmente no que diz respeito à violação do "direito de organização" na zona rural, defendem esse direito e reafirmam o compromisso de suas igrejas defendê-lo e promovê-lo. Ele

> consiste no direito de reunir forças que realizem, através de meios justos, objetivos igualmente justos e que contribuam para o bem comum [...]. Ninguém ouse privar, principalmente os pobres, do direito à organização, porque a proteção dos fracos é o principal objetivo das leis e organizações sociais [...] os pobres devem ter

---

[34] Falando da verdadeira intenção da carta, diziam os dois bispos: "Compreendemos que corremos o risco de ser mal compreendidos ou condenados, por malícia ou por ingenuidade, como inoportunos ou ignorantes. É, porém, nossa honesta intenção sacudir a inércia de muitos salvadorenhos que se mostram indiferentes aos sofrimentos em nosso país, principalmente nas áreas rurais [...]. Parece que se aceita, como algo inevitável, que a maioria de nosso povo seja castigado pela fome e pelo desemprego. Os sofrimentos, as agressões e as mortes de que são alvo parecem ter se tornado rotina. Tudo isso já não nos leva a perguntar-nos: 'Por que está acontecendo assim? Que deveríamos fazer para evitá-lo?'. De que modo podemos responder à pergunta feita pelo Senhor a Caim: 'Que fizeste? Escuto a voz do sangue de teu irmão, clamando por mim da terra' (Gn 4,10)" (ROMERO, A Igreja e as organizações populares, p. 130).

[35] Ibid., p. 141.

força suficiente para não se deixarem tomar como vítimas dos interesses de uma minoria, como aconteceu no passado.[36]

Na segunda parte da carta eles abordam a relação entre a Igreja e as organizações populares. Essa relação é pensada e proposta a partir de três princípios fundamentais:

1. *A natureza própria da Igreja.* A missão da Igreja é "de ordem religiosa" (*GS*, n. 42). Ela não se identifica com a missão do Estado, dos partidos, das empresas, dos sindicatos, das organizações populares etc. Isso não significa que não tenha nada a ver com as questões políticas, econômicas e sociais. Pelo contrário, ela oferece a todas essas questões "encargos, luzes e energias" (*GS*, n. 42) a fim de que sejam configuradas segundo a vontade de Deus. Dito de outro modo, a realização histórica do Reinado de Deus, missão própria da Igreja, passa também pelas questões sociais, econômicas e políticas.

2. *A Igreja a serviço do povo.* "A Igreja tem uma missão de serviço ao povo." E de acordo com essa missão deve "reunir em seu seio tudo o que há de humano na causa e na luta do povo, principalmente na causa dos pobres", com os quais "a Igreja se identifica" quando eles "reclamam seus legítimos direitos". À Igreja, dizem Romero e Rivera, só interessa "saber se o objetivo da luta é justo; se for, irá apoiá-lo com todo o poder do Evangelho. Da mesma forma, ela há de denunciar, com corajosa imparcialidade, toda e qualquer injustiça existente numa organização, esteja ela onde estiver".[37]

3. *O papel da luta pela libertação na salvação cristã.* Por um lado, é missão da Igreja apoiar e promover essas or-

---

[36] Ibid., p. 138ss.
[37] Ibid., p. 145s.

ganizações porque "são forças que lutam pela conquista da justiça social, econômica e política a ser implantada no meio do povo, principalmente no meio dos pobres rurais", e porque a realização da justiça e a libertação dos povos são constitutivas da missão cristã. Por outro lado, a Igreja tem uma contribuição específica – a partir de sua fé e de sua esperança – a dar à luta pela libertação: deve envolver todas as dimensões da vida; ser configurada de acordo com o Reinado de Deus; estar imbuída dos valores evangélicos; envolver a dimensão pessoal e a necessidade de conversão, não sendo reduzida às mudanças estruturais; excluir em princípio e como ideal o uso da violência. E não pode abrir mão disso.

De modo que, se, por um lado, a Igreja não pode se identificar com uma organização específica e sua missão não pode ser reduzida à missão de uma organização específica, por outro, na medida em que essa organização luta por causas justas, evangélicas, não pode desobrigar-se por ela. Tem o dever de apoiá-la e promovê-la. E isso independentemente de se confessar cristã ou não.

> A Igreja crê que a ação do Espírito que Cristo introduziu na vida dos seres humanos é maior do que ela própria. Muito além dos limites da Igreja, a redenção de Cristo está poderosamente em ação. As lutas dos indivíduos e dos grupos, mesmo dos que não professam o Cristianismo, recebem impulso do Espírito de Jesus.[38]

Mesmo quando as organizações populares, em *determinadas circunstâncias* e sob *determinadas condições*,

---

[38] Ibid., p. 157s. Essa afirmação deve ser lida no contexto de conflito eclesial de El Salvador. Quando os setores conservadores e aliados à elite salvadorenha apelavam às influências marxistas (luta de classes, materialismo histórico, ateísmo etc.) sobre as organizações populares como razão para a Igreja ser contra essas organizações, Romero e Rivera falavam de seu potencial salvífico, não obstante suas ambiguidades.

recorrem ao uso da força para alcançar um *fim justo*, a Igreja deve – criticamente! – apoiá-las. Romero, além de perceber as diversas formas de violência em El Salvador e de perceber que umas são originárias (institucional, repressiva e terrorista) e outras são resultantes ou provocadas (espontânea, autodefesa e insurreição), reconheceu, com a Tradição católica, que o uso da violência pode ser legítimo: "A Igreja emite juízos diferentes a respeito de diferentes tipos de violência. Tais juízos podem incluir desde a proibição e a condenação até a aceitação em certas condições".[39] A legitimidade do uso da violência, diz Ellacuría, deve ser medida "pela justeza de sua causa e pela viabilidade dos meios, assim como pela proporção dos resultados",[40] ou seja, pressupondo a justeza da causa, só se pode apelar legitimamente para o uso da violência se através dela se pode efetivamente viabilizar a causa e se não provocar um mal ainda maior. Além do mais, deve ser o último recurso, quando foram esgotados todos os outros meios.

Mas, embora reconhecendo a densidade histórico--salvífica das organizações populares – seu caráter de "sinal dos tempos" –, apoiando-as e promovendo-as progressivamente, Romero chama a atenção para o fato de que elas não são o único meio de lutar pela justiça. Existem outros meios, como a "educação para a libertação", a "evangelização consciente dos direitos humanos e do processo de libertação dos povos", entre outros. O fato de toda atividade humana ter repercussões políticas não significa que todas as pessoas tenham vocação para atuar

---

[39] Ibid., p. 163.

[40] ELLACURÍA, Ignacio. La paz mundial vista desde el tercer mundo. In: *Escritos teológicos III*. San Salvador: UCA, 2002. p. 489-500 – aqui, p. 500.

em organizações especificamente políticas. Nesse sentido, (1) afirmava que a política não pode ser considerada como "a única forma possível de cumprir o inevitável dever que todos os salvadorenhos têm de trabalhar pelo estabelecimento de uma ordem mais justa em nosso país";[41] (2) advertia os cristãos engajados em organizações populares a evitarem, em suas convicções teóricas e em suas práticas, "cair na tentação de orgulho e intransigência, como se a opção política legítima a que sua fé os levou fosse a única maneira de trabalhar generosamente pela justiça";[42] e (3) alertava contra o risco de absolutização das organizações que acaba substituindo os interesses do povo pelos interesses corporativistas do grupo ou organização.[43]

Diálogo e "moderação realista do ideal utópico"

A Igreja de El Salvador sempre defendeu o diálogo como instrumento fundamental de "busca da verdade e da justiça por meio da razão". E, se chegou a reconhecer e apoiar, em certas situações e sob certas condições, o direito de pessoas e organizações usarem a força para a defesa e conquista de seus justos direitos, foi porque o diálogo se tornou impossível. Mesmo assim, sempre insistiu em sua primazia, em sua permanente necessidade e em sua urgência; sempre se esforçou para criar canais de mediação de diálogo em El Salvador e sempre condenou toda forma de sectarismo político, até mesmo das organizações sociais.

Em sua quarta carta pastoral (6 de agosto de 1979), *A missão da Igreja em meio à crise nacional*, Romero,

---

[41] ROMERO, A Igreja e as organizações populares, p. 154.

[42] Ibid., p. 153.

[43] Id., A missão da Igreja em meio à crise nacional, p. 203s.

depois de tratar da "crise nacional à luz de Puebla" (primeira parte) e da "contribuição da Igreja para o processo de libertação de nosso povo" (segunda parte), ao oferecer "luz sobre alguns problemas nacionais" (terceira parte), aborda a necessidade de um "diálogo nacional", bem como as condições necessárias para sua realização. "Um diálogo nacional realista constitui uma necessidade para o nosso país, se ele quiser encontrar uma saída para sua crise", diz Romero. Mas ele só é possível sob algumas condições: 1. Com "a participação de todas as forças sociais" do país, pelo menos as que não estão na clandestinidade; 2. Com o fim de "todo tipo de violência", sobretudo a praticada pelo governo (repressão violenta, crime político, expulsão de lideranças políticas, sociais e religiosas, desaparecimento de pessoas, prisões políticas etc.); 3. Que seu assunto fundamental sejam "a reforma e as mudanças estruturais" que garantam um "melhor padrão de vida para todos os salvadorenhos"; 4. Com a garantia do direito de organização popular no país.[44]

O assassinato de Romero significou não apenas a eliminação de uma voz profética/autorizada em defesa do povo e o acirramento do conflito entre os militares e o movimento revolucionário, mas também a eliminação da principal e mais autorizada palavra de ponderação e mediação dialogal entre os principais grupos envolvidos no conflito.

O progressivo acirramento do conflito foi levando ambos os grupos "ao extremismo nos fins e nos meios" em suas posições. "Ambos os projetos perderam contato com o realmente possível e se dedicaram a uns meios, que

---

[44] Ibid., p. 221.

136

não apenas robusteciam os meios de seus adversários, em vez de debilitá-los, mas que os extremavam, como se os ideais extremos de superação aniquiladora do contrário fossem possíveis."[45]

Nesse contexto foram-se impondo, como nunca, a necessidade e a urgência de um diálogo nacional "como princípio de solução política".[46] "O argumento principal para propor essa via de solução é que a outra alternativa principal, a via da guerra, traz enormes e irreparáveis males com o agravante de que ninguém pode garantir se esse caminho da guerra trará a solução nem, muito menos, quando e a que custo."[47]

Sem dúvida alguma, trata-se de um caminho extremamente difícil, seja pelo que implica de moderação tanto nos fins quanto nos meios, seja pelo contexto de acirramento extremo que é uma guerra. Mas um caminho inevitável quando (1) a meta fundamental é o bem do povo e não os interesses de uma organização (que não coincide sempre nem necessariamente com os reais interesses do povo) e quando (2) se torna evidente que o conflito armado – nascido do esgotamento da via política – não tem perspectivas de solução e traz mais males do que bens.

Quando se dão essas duas condições, diz Ellacuría, "parece mais razoável favorecer processos de negociação" através do que ele chama de "moderação realista dos ideais utópicos". Moderação que, "sem perder seu

---

[45] ELLACURIA, Ignacio. Una nueva fase en el proceso salvadoreño. In: *Veinte años de historia en El Salvador (1969-1989);...*, v. III, p. 1855-1897 – aqui, p. 1888.

[46] Id. El diálogo en El Salvador como principio de solución política. In: *Veinte años de historia en El Salvador (1969-1989);...*, v. II, p. 997-1007.

[47] Id. Diez tesis sobre un proceso de negociación. In: *Veinte años de historia en El Salvador (1969-1989);...*, v. III, p. 1227-1297 – aqui, p. 1281.

ideal utópico, fundamentalmente ético, o modera conforme as possibilidades históricas tanto estruturalmente geopolíticas como conjunturalmente políticas".[48] Isso não significa nem o fim nem o fracasso da luta. O fim de uma luta se dá quando as causas que a fizeram nascer, no caso a injustiça social, foram superadas ou quando não há mais lutadores – o que não é caso de El Salvador. E o fracasso de uma luta não se dá pela revisão dos caminhos nem pela "moderação realista dos ideais utópicos" – características e exigências de todo processo histórico! –, mas pela inconsistência ou pelo desvio de sua *causa* fundamental, o que pode se dar também pela absolutização de determinados meios/estratégias. A *causa* fundamental é a vida do povo violentamente massacrada de diversas formas. A essa *causa* se deve servir e manter-se fiel na busca perseverante e criativa de caminhos. Os caminhos são sempre parciais, relativos. Absolutizá-los é desviar-se do *fundamental* e fazer fracassar a luta.

Nesse sentido, a Igreja, sob a presidência de Rivera y Damas (sucessor de Romero) – não obstante todas as suas ambiguidades, contradições e retrocessos[49] – e, sobretudo, através da atuação crítica, lúcida e honesta da Universidade Centro-Americana (UCA) dirigida por Ignacio Ella-

---

[48] Id., Una nueva fase en el proceso salvadoreño, p. 1855-1897 – aqui, p. 1888s.

[49] O aumento da perseguição contra lideranças eclesiais; o conflito e a divisão interna na Igreja de El Salvador – sobretudo do episcopado salvadorenho –; a pressão do Vaticano, através da nunciatura, sobre o Bispo Rivera (administrador apostólico e, três anos depois, arcebispo de El Salvador); e a posição mais conservadora e menos profética de Rivera em relação a Romero pode levar a pensar que a defesa e busca insistentes do diálogo, por parte da Igreja, seja, sem mais, uma posição conservadora diante de um processo revolucionário em curso e não uma exigência e necessidade históricas da luta pela justiça social em Salvador. Nesse sentido, é bom ter presente que a defesa e a busca do diálogo naquele contexto era defendida também por setores mais engajados e comprometidos da Igreja, pela Internacional Socialista e pelos governos socialistas da União Soviética, de Cuba e da Nicarágua.

curía, teve um papel fundamental, tanto na legitimação quanto na mediação do diálogo.

A modo de conclusão: crer na paz, trabalhar pela justiça

Toda atuação da Igreja no processo de superação da violência e de construção da paz em El Salvador está baseada nos quatro princípios ou diretrizes pastorais que Romero e Rivera apresentaram no final da carta pastoral *A Igreja e as organizações populares*:

- *Crer na paz.* Num contexto de violência generalizada e radicalizada como o de El Salvador, não é nada fácil crer na paz nem muito menos prescindir do uso da violência. A descrença na paz e a tentação à violência são enormes. Por isso mesmo a Igreja deve – sem ingenuidade! –, constante e insistentemente, renovar e proclamar sua "fé na paz". E tanto por razões antropológicas (fé nas melhores possibilidades humanas) quanto por razões teológicas (Deus é Deus de paz e de vida e não Deus de guerra e de morte). "Não podemos colocar nossa confiança em métodos violentos, se formos verdadeiros cristãos ou até simplesmente pessoas honradas."[50]

- *Trabalhar pela justiça.* Se, por um lado, Romero e Rivera insistem na necessidade de "crer na paz", por outro insistem, com Medellín, que "a paz é fruto da justiça" e que, portanto, trabalhar pela paz é trabalhar pela justiça. "Os conflitos violentos não desaparecerão enquanto suas causas subjacentes não desaparecerem [...].

---

[50] ROMERO, A Igreja e as organizações populares, p. 165.

Encaramos, portanto, como tarefa da máxima urgência o estabelecimento da justiça social."[51] Não se trata de qualquer paz nem de estabelecê-la a qualquer preço. Trata-se da verdadeira paz, da paz fundada na justiça: *opus iustitiae pax*. Por isso, a construção da justiça é o imperativo maior e mais fundamental. Não é tanto que a justiça seja fruto da paz (mesmo que a paz verdadeira produza mais justiça), mas que a paz é (fundamentalmente/primariamente, embora não exclusivamente) fruto da justiça e que sem justiça não há paz.

- *Repudiar o fanatismo da violência.* Num ambiente extremamente violento, a tentação a transformar a violência no único meio eficaz de estabelecer a justiça e, quase como consequência, a promover o culto da violência é muito grande. Embora, em determinadas circunstâncias e sob determinadas condições, seja legítimo o uso da violência, sua absolutização e sua transformação numa espécie de quase "mística ou religião", além de "patológico", "impossibilita a contenção da espiral de violência", "contribui para a polarização de diferentes grupos"[52] e inviabiliza a construção da paz.

- *Usar primeiro todos os meios pacíficos.* "Mesmo nos casos legítimos, a violência deve ser o último recurso."[53] Não se pode transformar a violência no instrumento fundamental e habitual para se conseguir determinados objetivos, por mais justos que sejam. Só em situações extremas, depois de se ter tentado todos os meios não violentos (legais, negociação, pressão etc.) e desde que

---

[51] Ibid.
[52] Ibid., p. 166.
[53] Ibid.

não seja maior do que a agressão sofrida, que não provoque um mal maior e que tenha reais possibilidades de ser eficiente (em vista do bem comum), é que se pode, legitimamente, usar a violência. Sobretudo em tempos explosivos, advertia a carta pastoral, "há uma grande necessidade de sabedoria e de serenidade".

Por fim, como afirma Medellín, "'a violência não é nem cristã nem evangélica'. *O cristianismo é pacífico* e não se envergonha disso. *Não é simplesmente pacifista*, porque é capaz de lutar. Mas prefere a paz à guerra" (*Medellín*, Paz, n. 15).

Baseada nesses princípios e na força de seu testemunho – confirmado no sangue de tantos e tantas mártires, incluindo seu pastor e profeta Romero – a pequena e profética Igreja salvadorenha tornou-se uma poderosa força de paz, da verdadeira paz, em El Salvador. Sua fé radical na força e no dinamismo da paz; sua luta radical (denúncia, proclamação da verdade, apoio às lutas populares) contra a injustiça social, expressão mais radical e mais fundamental da violência; e o caráter pacífico – não pacifista! – de sua luta têm muito a nos oferecer e ensinar na atual luta contra a violência e pela construção da verdadeira paz no mundo.

Capítulo V

"A HUMANIDADE/CRIAÇÃO GEME COM DORES DE PARTO." DIMENSÃO SOCIOAMBIENTAL DO REINADO DE DEUS[1]

A problemática ambiental atingiu em nosso tempo tamanha dimensão e proporção que já não pode mais ser abafada ou silenciada nem mesmo no interior dos países, empresas e organismos internacionais mais responsáveis por ela. Independentemente do fato de se responsabilizarem ou não pela situação em que nos encontramos e, sobretudo, de estarem dispostos a pagar o preço necessário para, pelo menos, minimizar suas consequências, reconhecem que a situação é dramática e exige medidas urgentes.

Mas se, por um lado, cresce a consciência da dramaticidade da situação e sobre ela se vai construindo um consenso cada vez maior na sociedade, por outro lado a busca de caminhos para enfrentar o problema parece cada vez mais difícil. Em primeiro lugar, porque os grandes não estão dispostos a rever seus padrões de consumo e a limitar seus lucros. Na melhor das hipóteses, aceitam pagar um "imposto ecológico", um "crédito carbono", tornar-se "poluidor pagador" etc., e, dessa forma, trans-

---

[1] Publicado na revista *Kairós* IV/2 (2007) 364-385 e na revista *Convergência* 316 (2008) 687-708.

formam a tragédia ecológica do planeta em negócio. É o chamado "capitalismo ecológico". Em segundo lugar, porque os pequenos também são seduzidos pelo mito do consumo ilimitado e a qualquer preço. Não têm o mesmo padrão de consumo dos grandes porque não podem, mas, se pudessem, teriam. Assim, acabam legitimando o modelo "civilizatório" responsável pela catástrofe ambiental atual. Em terceiro lugar, porque parte das chamadas alternativas ecologicamente sustentáveis (criação de reservas, coleta seletiva, reciclagem, agrocombustível, entre outras) tornam-se, não raras vezes, socialmente insustentáveis: expulsão da população nativa de seu *habitat*; privatização do lixo por grandes empresas, com a consequente exclusão dos catadores de material reciclável; fortalecimento da monocultura (cana, soja, milho etc.), uso de trabalho escravo, aumento do preço do alimento etc.

Toda essa situação afeta e diz respeito aos cristãos e à Igreja em seu conjunto. Seja porque é um problema que, de uma forma ou de outra, toca a todos os cristãos e a todas as pessoas, inclusive às gerações futuras, seja porque a "civilização" que gerou essa situação nasceu e se desenvolveu profundamente imbricada com o Cristianismo e foi, em grande medida, por ele legitimada, seja, enfim, porque está em jogo, em primeiro lugar, a vida dos pobres e dos pequenos deste mundo – *nele*, juízes e senhores de nossas vidas (Mt 25,31-46).

Neste capítulo, abordaremos apenas duas questões que nos parecem fundamentais para o enfrentamento cristão teórico e práxico da atual problemática ambiental. A primeira tem a ver com o caráter intrinsecamente social dos problemas ambientais. E a segunda diz respeito à dimensão socioambiental do Reinado de Deus.

Caráter intrinsecamente social dos problemas ambientais

Falar de natureza, de ecologia, de meio ambiente, de cosmos, de holismo, de harmonia etc. está na moda. Em contrapartida, falar de pobre, de pobreza, de injustiça, de conflito social etc. parece anacronismo – resquício de um mundo e de uma Igreja que passou. É como se os *problemas ambientais* fossem problemas meramente *naturais* e não, simultaneamente, problemas *sociais*. Se até algum tempo atrás se dizia, por exemplo, que "o problema do nordeste não é a seca, mas a cerca", hoje se diz com muita facilidade que o problema do semiárido é um problema de "convivência" com seu ecossistema ou de adequação da sociedade à natureza. Se, no primeiro caso, a ênfase na estrutura das relações sociais não considerava suficientemente as particularidades ambientais, no segundo caso a ênfase na necessidade de "adaptabilidade das ações humanas às particularidades ambientais como forma de superação da miséria regional" termina por não considerar suficientemente "a complexidade dos interesses de grupos e classes presentes e das estruturas diacrônicas de poder historicamente constituídas".[2]

A superação desse dualismo entre natureza e sociedade é fundamental tanto para uma correta compreensão da atual problemática ambiental quanto para a busca de sua solução. É, portanto, um desafio teórico e prático. Definitivamente, precisamos reconhecer e assumir que "o meio ambiente não é apenas um tema de conservação, mas também de direitos e justiça", e que "a transformação da

---

[2] SOARES, Hidelbrando dos Santos. *Sociedade e território no nordeste semiárido;* as cinco leituras. Limoeiro do Norte, 2003. p. 6. (mimeo.)

sociedade no rumo da igualdade e da justiça – incluindo temas essenciais como produção econômica, habitação, transporte, bens de consumo etc. – precisa ser sustentável do ponto de vista ambiental".[3] Os discursos ecológicos que se pretendem socialmente neutros terminam, na prática (ingênua ou interessadamente), mascarando os conflitos sociais a eles subjacentes e, consequentemente, legitimando e fortalecendo (por omissão ou por comissão) os grupos mais fortes. Não basta, por exemplo, não poluir ou despoluir o rio/açude – atividade estritamente social. É necessário também garantir que a água do rio/açude não seja privatizada pelos empresários da região e que seja usada prioritariamente para o consumo humano e animal!

Na verdade, a natureza só se torna problema na trama das relações sociais. "A degradação está intimamente relacionada aos usos e os usos são históricos, são sociais."[4] De modo que não faz sentido (se é que na prática é possível) dissociar a natureza da sociedade quando se trata de problemas ambientais. Enquanto imbricada na trama das relações sociais, a natureza não é apenas matéria natural a ser contemplada e preservada. É também lugar das relações sociais e, enquanto tal, é, também, lugar de conflitos, de contradições, de luta pelas condições materiais de sobrevivência. O que é problemático e precisa ser redefinido não é, portanto, o caráter social dos problemas ambientais, mas as formas sociais de uso e apropriação dos bens naturais. Estas, sim, são problemáticas e, na atualidade,

---

[3] PÁDUA, José Augusto de. Desenvolvimento humano e meio ambiente no Brasil. In: MOSER, Cláudio; RECH, Daniel (orgs.). *Direitos humanos no Brasil;* diagnóstico e perspectivas. Rio de Janeiro: Maud, 2003. p. 47-69 – aqui, p. 48-49.

[4] SOARES, Hidelbrando dos Santos. Natureza, um campo de relações de poder. *Raizes* 44 (2003) 4.

revelam-se como socialmente injustas e ambientalmente insustentáveis.

O geógrafo professor Hidelbrando Soares (diretor da Faculdade de Filosofia Dom Aureliano Matos – FAFI-DAM – Universidade Estadual do Ceará – UECE, Limoeiro do Norte-CE) identificou três *tipos* dominantes de uso e apropriação dos bens naturais em nossa sociedade, isto é, de comportamentos sociais (usos) que estão ligados a uma determinada compreensão da natureza (recurso):[5]

1. *Comportamento exploracionista.* É aquele que acha que os bens naturais são inesgotáveis e que podem ser usados e apropriados ilimitadamente. Os interesses imediatos – sobretudo econômicos – justificam tal uso e apropriação. Não há uma real e efetiva preocupação com a gestão desses bens no presente, muito menos no futuro. O que importa é crescer. E para isso é preciso apropriar-se dos bens disponíveis. É o modelo tipicamente capitalista de gestão dos recursos naturais que vê na natureza apenas recursos a serem apropriados e comercializados. Embora o discurso seja outro – afinal, não soa bem, moderno, nem socioambientalmente responsável –, essa é a prática dominante no Brasil. Com o agravante da conivência dos poderes públicos travestida de preocupação com a geração de emprego na região, com o abastecimento de água das populações carentes, com o crescimento econômico etc. Assim é que, por exemplo, a criação de camarão em cativeiro (concentradora de terra e água, degradadora do meio ambiente) cresceu tanto na primeira metade da década em curso no Vale do Jaguaribe, interior do Ceará. Assim

---

[5] Ibid., n. 4s.

é que o governo Lula leva adiante a transposição do rio São Francisco – a versão mais moderna e sofisticada da *indústria da seca*. Assim é que se vai vendendo o mito do chamado "biocombustível", não obstante suas implicações socioambientais: crescimento da monocultura, desmatamento da Amazônia, comprometimento da segurança alimentar e até uso de trabalho escravo.

2. *Comportamento preservacionista*. É aquele que, para eliminar ou combater a degradação ambiental, acaba fazendo uma "leitura antissocial da relação homem- -natureza" e adotando como medida a criação de "museus naturais": "corredores ecológicos", "parques ecológicos", "reservas ecológicas" – "geralmente excluindo dessas áreas as populações historicamente aí estabelecidas". Além de não se contrapor necessariamente ao comportamento exploracionista – desde que preserve algumas ilhas verdes –, há muito "romantismo" e "espiritualismo" elitistas e irreais no comportamento preservacionista. O grande problema dessa postura, diz Hidelbrando Soares, é que, não obstante seu caráter de defesa da natureza, "geralmente é uma defesa da natureza em si, independente da sociedade, independente daquilo que é a natureza hoje: socializada, histórica. A preservação seria o afastamento, o distanciamento da sociedade".[6] E, com isso, não apenas compromete a vida e a sobrevivência das comunidades historicamente estabelecidas nas áreas a serem preservadas, como também põe em risco ou até mesmo elimina "um patrimônio cultural de manejo dos próprios recursos". O mito de naturalização da natureza, isto é, a consideração do

---

[6] Ibid., p. 5.

bem natural independentemente de sua apropriação e uso sociais, leva não apenas à "extinção de um grupo social pelo empobrecimento, pela destruição de sua base cultural, mas também à perda de um patrimônio de manejo da natureza".[7] Esquece-se, com frequência, de que foi exatamente a forma de vida da comunidade, seu uso e apropriação dos bens naturais, enfim, sua gestão dos recursos disponíveis, que "gerou aquele ambiente ainda preservado".

3. *Comportamento conservacionista*. É aquele em que o uso dos bens naturais tem por base a "gestão" ou o "manejo" – "fruto da experiência, da prática". É o comportamento típico das comunidades tradicionais. Nem se reduzem os bens naturais a meros recursos inesgotáveis de enriquecimento, nem se contrapõe a preservação ambiental ao uso e apropriação sociais. Procura-se, isto sim, estabelecer relações mais simétricas com a natureza considerando tanto as peculiaridades e potencialidades geoespaciais quanto as necessidades da comunidade. Possivelmente, nas experiências de gestão, de manejo das comunidades tradicionais – por mais localizadas, primitivas e espontâneas que sejam –, possamos encontrar um caminho alternativo ao modelo capitalista exploracionista de gestão dos recursos naturais.[8] Elas "têm um patrimônio cultural que poderia ser um bom caminho para estabelecermos relações mais simétricas, mais justas" com a natureza.[9] Evidentemente, não se trata de

---

[7] Ibid.

[8] "O dualismo racionalista – fruto do pensamento grego e base da chamada civilização ocidental – entre humanos e natureza, entre espiritual e material, entre 'realidades' superiores e inferiores não encontra eco na cultura dos povos da Amazônia" (CNBB. *Campanha da Fraternidade 2007* – Texto-base. São Paulo: Salesiana, 2007. p. 134).

[9] SOARES, Natureza, um campo de relações de poder, p. 5.

receita, muito menos de transpor, sem mais, resposta de um contexto a outro. Cada contexto socioambiental tem suas peculiaridades e exige resposta própria. Trata-se simplesmente de aprender com comunidades concretas formas de vida, de uso e apropriação dos recursos disponíveis, ou seja, de sua gestão ou manejo que tornem possível a vida da geração atual sem comprometer a vida das gerações futuras. Nem consumismo ilimitado, nem ecologismo antissocial. Precisamos ir construindo uma forma de vida socialmente justa e ambientalmente sustentável.

Importa, em todo caso, dar-se conta de que os problemas ambientais, enquanto problemas, têm sempre um aspecto ou uma dimensão social. Nunca são problemas meramente naturais. Até porque o que constitui propriamente o problema ambiental não é o caráter natural dos bens em questão, mas seu caráter social: utilidade, carência, apropriação, formas de uso ou gestão, ameaça etc. E tanto pelo fato de terem sido *provocados*, em grande parte, por determinadas formas sociais de uso e gestão dos bens naturais quanto pelo fato de estarem intrinsecamente vinculados à *disputa de interesses* nas sociedades onde emergem como problema.[10] De modo que *nos problemas ambientais estão em jogo os bens naturais enquanto socializados, isto é, enquanto inseridos na trama das relações sociais.* Por isso mesmo os bens naturais não podem ser tomados nem teórica, nem praticamente independentemente de seus usos sócio-históricos.

Uma olhada, ainda que superficial, nos grandes e pequenos problemas ambientais será suficiente para cons-

---

[10] Cf. *Documento de Aparecida*, n. 83-87, 473.

tatar seu caráter intrinsecamente (embora não exclusivamente) social. Abordaremos a seguir, à guisa de exemplo, apenas três desses problemas com uma finalidade mais provocativa que descritiva. Mais do que fazer um elenco de problemas ambientais e descrevê-los, interessa-nos, aqui, a partir da consideração de alguns problemas, provocar o leitor a identificar e explicitar o caráter social dos pequenos e grandes problemas ambientais com que ele se defronta. Trata-se, portanto, de um exercício a ser continuado e completado pelo leitor.

Transposição do rio São Francisco

O Projeto de Transposição do Rio São Francisco – por seu caráter polêmico e conflitivo e pela dimensão que o conflito tomou com o jejum profético de Dom Luiz Cappio – tornou-se um dos problemas ambientais brasileiros de maior visibilidade. Sem dúvida alguma há aspectos no conflito que dizem respeito mais diretamente à sustentabilidade ambiental do projeto, dada a situação atual do rio: assoreamento, diminuição da vazão, supressão da mata ciliar, superexploração dos mananciais, poluição etc.[11] – situação provocada pela forma depredatória e exploracionista de seu uso e gestão nas últimas décadas. Mas o ponto mais fundamental e mais polêmico diz respeito aos interesses econômicos e sociais em jogo:[12] 70% da água para a irrigação, 26% para o uso

---

[11] Cf. ZELLHUBER, Andréa; SIQUEIRA, Ruben. Rio São Francisco em descaminho: degradação e revitalização. *Caderno CEAS* 227 (dez. 2007). Especial Rio São Francisco.

[12] Cf., a propósito: <http://www.cptmg.org.br>. ALFREDO, João. *Transposição do rio São Francisco;* mitos e realidade. Brasília: Câmara dos Deputados, 2005. Relatório de Impacto sobre o Meio Ambiente (RIMA). Disponível em: <http://www.integracao.gov.br>.

industrial e abastecimento urbano[13] e 4% para população difusa pelo semiárido. Não se trata de um projeto de socialização dos recursos hídricos, mas, ao contrário, de sua privatização. Por isso dizia Roberto Malvezzi que "a transposição é a última grande obra da indústria da seca e a primeira do 'hidronegócio'. A indústria da seca está para o hidronegócio assim como o latifúndio está para o agronegócio, isto é, um representa o atraso e o outro, a modernidade, mas ambos são indissociáveis".[14] E com razão dizia Leonardo Boff, a propósito do conflito entre o governo e Dom Cappio:

> Soa demagógica e no fundo falsa a alternativa colocada publicamente pelo presidente: entre o bispo e 12 milhões de nordestinos sedentos, eu, presidente, fico do lado dos 12 milhões. A alternativa é outra: entre o agronegócio e os 34 milhões de sedentos que podem ser atendidos, o bispo fica do lado dos 34 milhões.[15]

O problema é, portanto, fundamentalmente social. O próprio Dom Cappio dizia, em sua *Carta ao Povo do Nordeste*: "[...] fosse a transposição solução real para as dificuldades de água de vocês, eu estaria na linha de frente de vocês por ela". Até mesmo do ponto de vista mais estritamente ambiental, dizia Dom Cappio, em sua resposta ao ministro Geddel [Vieira Lima], "o maior impacto da transposição sobre o rio não é a porção de água dele a tirar. É a perpetuação do modelo que vê nele apenas 'recur-

---

[13] Os 12 milhões de nordestinos que, segundo o governo, serão beneficiados com a transposição correspondem à estimativa da população das cidades localizadas na área de influência do projeto em 2025. Segundo matéria publicada no jornal *Folha de S. Paulo*, 23 out. 2005, a terça parte desse total se refere à população de Fortaleza daqui a vinte anos.

[14] MALVEZZI, Roberto. Geografia da sede e hidronegócio (4 out. 2004): disponível em: <www.adital.com.br>. O projeto da transposição é definido também no pronunciamento de bispos e pastores sinodais sobre a terra como "mais um capítulo da conhecida indústria da seca" (COMISSÃO PASTORAL DA TERRA. *Os pobres possuirão a terra*. São Paulo/São Leopoldo: Paulinas/Sinodal, 2006. p. 32).

[15] *Jornal do Brasil*, 25 dez. 2007.

sos hídricos' e negócios, num acúmulo de usos econômicos seguidos e irrestritos que o exaure e o exterminará".[16] De uma forma ou de outra, estão em jogo o uso e a apropriação das águas do rio São Francisco. Não tem como separar o problema ambiental do problema social da transposição. Pode-se, didaticamente, distinguir aspectos mais estritamente ambientais e aspectos mais estritamente sociais e econômicos no problema da transposição. Mas sua imbricação é tamanha que, na prática, não se pode separar.

Agrocombustível

Menos popularizada, mas não menos atual, nem menos polêmica, é a problemática dos agrocombustíveis, muitas vezes chamados biocombustíveis. O aumento do consumo de combustível no mundo, o limite das reservas energéticas no subsolo (petróleo, gás e carvão mineral), os altos riscos da energia nuclear e o aumento da poluição provocado pela queima excessiva desses combustíveis, causando desequilíbrios na natureza e aquecimento global, têm forçado a discussão e a busca de alternativas das fontes de energia no planeta. Nesse contexto, os chamados agrocombustíveis encontram um terreno fecundo. E o atual governo brasileiro, juntamente com o governo estadunidense, tem despontado como o grande defensor e propagador de tal "alternativa". Tanto pela potencialidade comercial do Brasil no ramo – larga experiência, capital e potencialidades tecnológicas da Petrobrás, dimensão territorial etc. – quanto por se tratar de um combustível "limpo", não poluidor. No entanto, as coisas não são tão

---

[16] Geddel, por Dom Luiz Cappio. Jornal *A Tarde*, 9 dez. 2007.

claras nem tão simples como poderiam parecer à primeira vista. Vários movimentos, organizações, entidades e lideranças socioambientais têm confrontado e denunciado a insustentabilidade socioambiental dos chamados agrocombustíveis. Em primeiro lugar, por colocarem em *risco a segurança alimentar das populações pobres do planeta*, seja pelo aumento do preço dos alimentos, seja pela concorrência no uso da produção agrícola: alimentos ou biocombustíveis. Sobre isso alertaram tanto o relatório *Bioenergia sustentável*, da ONU (9 de maio de 2007)[17] quanto o estudo *Previsão dos alimentos*, da FAO – Organização das Nações Unidas para Agricultura e Alimentação – (7 de junho de 2007).[18] E o ambientalista estadunidense Lester Brawn denunciou o que chamou de "confronto épico" entre os 800 milhões de proprietários de carros e os dois bilhões de pessoas mais pobres do planeta:

> Até o fim do próximo ano [2008] quase 30% da colheita de grãos [dos EUA] irá para as usinas de álcool, reduzindo a quantidade disponível para exportações. Como o mundo depende fortemente dos EUA, que é um dos maiores exportadores de milho e de trigo, isso vai criar problemas graves aos importadores de grãos.[19]

Em segundo lugar, por comprometer ainda mais o equilíbrio ambiental através do *aumento da monocultura e do desmatamento da Amazônia.*[20] Em terceiro lugar, pela *superexploração e mesmo pela utilização de mão de obra escrava nos canaviais.* Se na década de

---

[17] Cf. jornal *Folha de S. Paulo*, 10 maio 2007.

[18] Cf. jornal *Folha de S. Paulo*, 8 jun. 2007. FREI BETTO. Necrocombustíveis. Disponível em: <www.adital.com.br/site/noticia2.asp?lang=PT&cod=28604>.

[19] Jornal *Folha de S. Paulo*, 2 jul. 2007. Cf. MONBIOT, George. *Entre os automóveis e as pessoas.* Disponível em: <http://www3.brasildefato.com.br/v01/agencia/analise/entre-os-automoveis-e-as-pessoas/>.

[20] Cf. MONBIOT, *Entre os automóveis e as pessoas.* CNBB. *Campanha da Fraternidade – 2007*, p. 51ss – aqui, p. 64. COMISSÃO PASTORAL DA TERRA, *Os pobres possuirão a terra*, p. 30s.

1980 se exigia do cortador de cana uma média de oito toneladas de cana/dia, hoje se exige em média doze toneladas de cana/dia. Só em 2005 a CPT contabilizou 262 casos de trabalho escravo envolvendo 7.447 trabalhadores. De 1995 a 2005 foram resgatados 18.694 trabalhadores.[21] Tudo isso leva Dom Tomás Balduíno a afirmar que

> a chamada 'energia limpa' é limpa do cano de descarga para fora. Até chegar lá é tão suja que inclui até trabalho escravo. Retira a terra de quem precisa dela para viver. E agride o meio ambiente transformando a mata em monocultura. O cerrado [...] está sendo transformado na monocultura de eucalipto, cana, soja ou algodão. O etanol compensa para o mercado do Primeiro Mundo, que está precisando de energia para seus motores, mas de nós ele tira a chance de solucionar nossos problemas.[22]

Carcinicultura

A criação de camarão em cativeiro (carcinicultura) cresceu enormemente nos últimos anos, sobretudo na região Nordeste. É uma atividade econômica altamente lucrativa (um dos ramos de destaque do agronegócio), mas de grandes impactos socioambientais:[23]

1. Com a construção dos viveiros nas margens de rios, gamboas, lagos e dunas, imensas áreas de manguezal

---

[21] Cf. COMISSÃO PASTORAL DA TERRA, Os pobres possuirão a terra, p. 33-35.

[22] BALDUÍNO, Tomás. Revista Isto É 1993, 16 jan. 2008.

[23] Cf. Relatórios Impactos da Carcinicultura: Diagnóstico do Ibama; Relatório Embrapa; GT Carcinicultura, da Câmara dos Deputados. Disponíveis em: <http://www.terramar.org.br/oktiva.net/1320/nota/18533>. AQUINO JÚNIOR, Francisco de. A criação de camarão em cativeiro no Brasil: impactos socioambientais. Disponível em: <http://www.adital.com.br/site/noticia2.asp?lang=PT&cod=14086>. MEIRELES, Jeovah. Carcinicultura: desastre socioambiental no ecossistema manguezal do Nordeste brasileiro. Disponível em: <http://www.redmanglar.org/redmanglar.php?c=358>. Carta de Fortaleza dos Povos das Águas (24 ago. 2006). Disponível em: <http://www.adital.com.br/site/noticia2.asp?lang=PT&cod=24517>.

(berço marítimo) e de mata ciliar ao longo dos rios vêm sendo destruídas.

2. O uso intenso de produtos químicos tem provocado mortandade de peixes, caranguejos, mariscos e crustáceos – fonte de sobrevivência de muitas comunidades –, doenças respiratórias e de pele e até morte de trabalhadores.

3. Em algumas regiões, como no município de Aracati-CE, a construção de viveiros em áreas onde estão situadas as fontes de abastecimento do município (Comunidade do Cumbe) pode salinizar o lençol freático e comprometer o abastecimento de toda a região.

4. É uma das atividades que mais consome água. Utilizam-se de 50 a 60 milhões de litros de água por tonelada produzida. Por causa do tamanho do espelho de água dos viveiros, o índice de evaporação é altíssimo. Além do mais, o desenvolvimento da atividade à margem de rios e lagoas, utilizando água doce, põe em risco a seguridade hídrica da população, sobretudo em regiões onde o abastecimento de água é precário.

5. A construção de viveiros às margens de rios, gamboas, lagos e dunas tem dificultado o acesso das famílias a seus lugares de trabalho, não sem conflitos, provocando uma verdadeira privatização dos acessos ao mar, rios e lagoas.

6. Recrudescimento do processo de concentração da terra e da água, uma vez que se trata de um processo racionalizado – previamente pensado, planejado e viabilizado econômica e politicamente: grandes produtores estão investindo na compra de terras em áreas de manguezal

e nas margens dos rios e seu poder econômico tem um peso decisivo na política de gestão dos recursos hídricos.

7. Enquanto em 5ha de mangues trabalham até trinta famílias, em 5ha de viveiros trabalham apenas duas pessoas: um arraçoador e um vigia.[24] É verdade que por ocasião da construção do viveiro (uma única vez) e das despescas (que duram aproximadamente três dias) se absorve um número maior de mão de obra, mas, regularmente, apenas duas pessoas, excluindo, mesmo, a mão de obra feminina. Tudo isso sem falar na rapidez com que surge, se desenvolve e desaparece. A propósito, dizia Rosângelo, da Cáritas de Limoeiro: "Os carcinicultores aparecem como uma praga de gafanhotos. Chegam, devastam e vão para outra região". Este é o "preço" socioambiental do acelerado e descontrolado crescimento da grande indústria (agronegócio) do camarão. Ele põe em questão sua sustentabilidade socioambiental, pelo menos na forma como vem se desenvolvendo.

Dimensão socioambiental do Reinado de Deus

Se na primeira parte do capítulo insistimos no caráter intrinsecamente social dos problemas ambientais, nesta segunda parte queremos explicitar seu caráter teologal

---

[24] "Dados oficiais do antigo Departamento de Pesca e Aquicultura (DPA) apontam a geração de 0,7 emprego por hectare cultivado, sendo que nas grandes fazendas do Ceará o valor é ainda menor, de 0,2 emprego/hectare cultivado, o que corresponde a 20 empregos (relações formais) em uma fazenda de 100 hectares. Os produtores têm divulgado que a atividade gera 1,89 emprego direto por hectare, com base em uma pesquisa que teve como metodologia a aplicação de questionários nos centros de processamento, fazendas de engordas e laboratórios de produção de larvas." In: Relatorias Nacionais em Direitos Humanos Econômicos, Sociais e Culturais – Informe 2004. Disponível em: <http://www.dhescbrasil.org.br>.

(versão constitutiva a Deus) e teológico (envolvimento de Deus mesmo).[25] A *problemática ambiental*, enquanto problemática das formas sócio-históricas de uso e apropriação dos bens naturais com suas implicações tanto na configuração das relações sociais quanto no equilíbrio do ecossistema, diz respeito, diretamente, à instauração do *Reinado* de Deus e, indiretamente, ao *Deus* do Reinado. Não se trata, simplesmente, de um problema ecossocial, de uma exigência moral, de um desafio pastoral. Trata-se, na verdade, de algo que toca negativa (pecado) ou positivamente (graça) no núcleo mesmo da fé cristã e que, portanto, lhe é constitutivo. De modo que nenhum cristão ou comunidade cristã pode ficar indiferente a essa problemática.

A fé cristã consiste, fundamentalmente, no seguimento de Jesus Cristo. E assim como o Reinado de Deus constituía o centro de sua vida,[26] da mesma forma deve constituir o centro da vida cristã – sua identidade mais profunda e radical.

O Reinado de Deus nada mais é que o governo, domínio ou senhorio presente e real de Deus sobre a vida daqueles que o reconhecem e o aceitam como seu Deus. Não é uma teoria abstrata sobre a onipotência/onisciência/

---

[25] O problema de Deus constitui "uma dimensão da realidade humana enquanto tal. Por isto, este problema deve se chamar teologal. Teologal não significa teológico. Significa que é uma dimensão humana que envolve formal e constitutivamente o *problema* da realidade divina, do *Theos*. É teologal por envolver a dimensão que dá acesso ao divino. O teológico envolve a *Deus mesmo*" (ZUBIRI, Xavier. *El hombre y Dios*. Madrid: Alianza Editorial, 2003. p. 12).

[26] A redescoberta da centralidade do Reinado de Deus na vida de Jesus é, certamente, uma das maiores novidades e contribuições da cristologia contemporânea. Cf. SOBRINO, Jon. *Jesus, o libertador;* a história de Jesus de Nazaré. Petrópolis: Vozes, 1996. GONZALEZ FAUS, José Ignácio. *Acesso a Jesus;* ensaio de teologia narrativa. São Paulo: Loyola, 1981. GNILKA, Joachim. *Jesus de Nazaré;* mensagem e história. Petrópolis: Vozes, 2000. FABRIS, Rinaldo. *Jesus de Nazaré;* história e interpretação. São Paulo: Loyola, 1988. MOLTMANN, Jürgen. *Quem é Jesus Cristo para nós hoje*. Petrópolis: Vozes, 1997. KESSLER, Hans. Cristologia. In: SCHNEIDER, Theodor. *Manual de dogmática*. Petrópolis: Vozes, 2002. v. I, p. 219-400.

onipresença divina, nem mera *u*-topia humana. Consiste, precisamente, no fato real e atual de que *Deus reina*, no "governo de Deus em ação".[27] Por isso mesmo, falar do *Reinado de Deus* implica sempre falar do *Povo de Deus*, do povo sobre o qual Deus reina[28] e cuja vida, na medida em que é regida por ele, torna-se expressão real e atual de seu poder e senhorio. Poder, senhorio, governo que diz respeito a todas as dimensões da vida, também, evidentemente, à dimensão socioambiental enquanto constitutiva da vida humana. Daí que se possa e se deva falar de e cuidar da dimensão socioambiental do Reinado de Deus. Não se trata de algo meramente *consecutivo*, por mais importante que seja. Trata-se de uma de suas dimensões *constitutivas*, algo que mede ou mensura sua realidade, uma vez que, nela, está em jogo a efetivação ou negação do senhorio ou governo de Deus. Há, portanto, uma respectividade constitutiva entre o Reinado de Deus e a constituição do Povo de Deus que se objetiva e se expressa num modo concreto de viver.

A característica ou marca principal desse Reinado ou governo, diz Joachim Jeremias, exegeta alemão, é que "Deus está realizando o ideal de justiça que sempre se esperava do rei, mas nunca realizado na terra": proteção aos desamparados, fracos e pobres, às viúvas e aos órfãos.[29] E, de fato, nos Evangelhos Jesus compreende sua missão como dirigida aos pobres (Lc 4,18), proclama os pobres

---

[27] SOBRINO, *Jesus, o libertador;...*, p. 111.

[28] Por se tratar, fundamentalmente, de uma realidade e de um conceito dinâmico-relacionais (poder de reinar, autoridade do rei sobre seu povo), antes que estático-espaciais (território), os exegetas preferem falar de Reinado a Reino. Cf. JEREMIAS, Joachim. *Teologia do Novo Testamento*; a pregação de Jesus. São Paulo: Paulus, 1977. p. 153ss.

[29] JEREMIAS, *Teologia do Novo Testamento;...*, p. 154.

como bem-aventurados (Lc 6,20; Mt 5,3),[30] realiza sua ação messiânica curando enfermos, libertando possessos e proclamando Boa-Notícia aos pobres (Lc 7,18-23; Mt 11,2-6), põe o amor a Deus e ao próximo (caído/derrubado à beira do caminho) como condição para herdar a vida eterna (Lc 10,25-37) e estabelece como critério definitivo de pertença a ou exclusão de seu Reinado o fazer ou não fazer pelos pequenos (Mt 25,31-46).[31] A vida real/concreta dos pobres se converte, assim, em critério positivo (realização) e negativo (obstáculo/impedimento) do Reinado de Deus. Evidentemente, o fazer justiça aos pobres não esgota o Reinado de Deus. Mas constitui um critério radical, permanente e impreterível de sua efetivação e/ou de sua negação. Por isso a necessidade de se recorrer ao que Jon Sobrino chama "via do destinatário" de Reinado de Deus tanto para compreender seu conteúdo quanto para realizá-lo na história.[32]

No que diz respeito ao enfrentamento teórico e prático da problemática ambiental, enquanto problemática do Reinado de Deus, é preciso (a) verificar até que ponto e em que medida as formas sócio-históricas de uso e

---

[30] Aos que, não sem interesse, gostam de contrapor os "pobres" sem mais de Lucas aos "pobres de espírito" de Mateus, vale recordar duas coisas: Em primeiro lugar, "espírito", em Mateus, qualifica os pobres, mas não os substitui pelos ricos. Bem-aventurados, em Mateus, continuam sendo os pobres – de espírito ou de coração, conforme a tradução, mas os pobres. Em segundo lugar, o termo grego utilizado por Mateus para designar os *pobres* (de espírito) é o mesmo termo utilizado por Lucas para designar os pobres (sem mais): *Ptochos*, que pode designar tanto alguém que é dependente, que está a serviço, que perdeu a propriedade fundiária por causa da injustiça e opressão, quanto o fraco, sem peso social, o mendigo, o sem-teto, o indigente. Cf. ELLACURÍA, Ignacio. Las bienaventuranzas, carta fundacional de la Iglesia de los pobres. In: *Escritos teológicos II*. San Salvador: UCA, 2000. p. 417-437. SOBRINO, *Jesus, o libertador;...*, p. 124-128. ESSER, Hans-Helmut. Arm (Πτωχός). In: COENEN, Lothar; BEYREUTHER, Erich; BIETENHARD, Hans (Hsg.). *Theologisches Begriffslexikon zum Neuen Testament I*. Wuppertal: Rolf Brockhaus, 1972. p. 39-43).

[31] A propósito da discussão exegética do texto, ver o comentário de Alonso Schökel no rodapé da *Bíblia do Peregrino*, bem como: GONZÁLEZ, Antonio. *Mateo 25 y la esperanza de los pobres*. Disponível em: <http://www.praxeologia.org/mateo.html>.

[32] SOBRINO, *Jesus, o libertador;...*, p. 123-135.

apropriação dos bens naturais em voga, efetivamente, expressam ou obstaculizam/impedem o governo/senhorio/ Reinado de Deus e (b) encontrar ou forjar formas de uso e apropriação desses bens que sejam, real e efetivamente, expressão desse Reinado. Um critério seguro e impreterível para isso, conforme dissemos anteriormente, é a situação real dos pobres e pequenos no contexto da problemática ambiental. Daí que:

1. O enfrentamento cristão da problemática ambiental não pode prescindir de sua dimensão social e, nela, da situação real e concreta dos pobres e pequenos. Nenhum ecologismo a/antissocial (se é que é possível) pode, sem mais, ser dito cristão. A vida de uma criança de rua – envolvida com droga, tráfico, roubo etc. – é, na dinâmica do Reinado de Deus, incomparável e absolutamente mais importante e mais definitiva do que qualquer mico-leão dourado em extinção ou qualquer cachorrinho de madame. As consequências trágicas do antropocentrismo capitalista ocidental[33] – socialmente injusto e ecologicamente insustentável – não justificam certas tendências ecologicistas que tendem a reduzir o ser humano a um animalzinho entre outros e a tratar com indiferença o "destino" imposto aos pobres. Nem mesmo certas tendências holísticas que primam pela "harmonia" e "equilíbrio" interior e social, na medida em que mascaram os conflitos ou os tratam com indiferença e, assim, contribuem para a manutenção do *status quo* de dominação e opressão na sociedade, podem ser ditas cristãs. O fato de a sociedade não poder ser reduzida, simplesmente, a um campo de batalha/conflito não significa que se possa ofuscar os

---

[33] Cf. BOFF, Leonardo. *Nova Era;* a civilização planetária. São Paulo: Ática, 1994. p. 66-70. *Ecologia;* grito da terra, grito dos pobres. São Paulo: Ática, 1995. p. 101-134.

reais conflitos ou se tornar indiferente a eles. Tampouco vale, sem mais, o dito "ou nos salvamos todos ou todos pereceremos", como se o risco afetasse a todos na mesma medida e urgência. Embora os problemas ambientais, de alguma forma, afetem o mundo todo e ponham em risco o futuro da humanidade no planeta, não afetam a todos na mesma proporção e imediatez. Os países pobres e, neles, as comunidades mais pobres – muito mais dependentes da natureza e muito mais vulneráveis às suas forças – sofrem seus efeitos de modo muito mais imediato e dramático. Se a situação ambiental, em seu conjunto, é dramática, muito mais dramática é, nela, a situação dos pobres. Daí que no enfrentamento da problemática ambiental a situação e as necessidades fundamentais dos pobres devam ter absoluta prioridade.

2. Do ponto de vista estritamente teologal e teológico, é insuficiente uma abordagem meramente criacional da problemática ambiental. Não basta reconhecer e confessar que toda a natureza é criação de Deus e que, por isso, é portadora de uma dignidade e sacralidade invioláveis. Tampouco basta reconhecer que uma certa visão de Deus e, consequentemente, de sua imagem e semelhança, o homem, foi responsável, em grande parte, pela forma capitalista de uso e apropriação dos bens naturais.[34] Nem ao menos basta postular uma concepção mais integral e

---

[34] "Deus é o todo-poderoso e a *potência absoluta* é a característica principal de seu ser-Deus. Por isso sua *imagem e semelhança* sobre a terra, a pessoa humana – isto significava, deveras, o homem – precisa aspirar por poder e superpoder para, assim, alcançar sua própria divindade. Não bondade e verdade, mas *poder* tornou-se a característica principal da divindade [...] O objetivo do conhecimento científico das leis da natureza é o poder sobre a natureza e, com isso, o restabelecimento da imagem de Deus para a pessoa humana" (MOLTMANN, Jürgen. *Doutrina ecológica da criação*. Petrópolis: Vozes, 1993. p. 50s.). Cf. SATTLER, Dorothea; SCHNEIDER, Theodor. Doutrina da criação. In: SCHNEIDER, Theodor (org). *Manual de dogmática*. Petrópolis: Vozes, 1992. v. I, p. 114-215 – aqui, p. 115s.

cósmica do ser humano – parte da criação.[35] É necessário tomar seriamente em consideração o fato de que a crise ecológica é fruto de uma determinada forma social de uso e de apropriação dos bens naturais que, negativamente, obstaculiza e impede o governo ou senhorio de Deus neste mundo e, positivamente, se constitui como objetivação do antirreino – cuja expressão mais radical é a injustiça social e a ameaça ao ecossistema. É preciso tomar em consideração a condição cativa de grande parte da humanidade e da própria natureza e lutar contra o domínio e senhorio dos poderes e poderosos deste mundo – resgatar a humanidade/criação cativa e instaurar uma nova dinâmica de uso e apropriação dos bens naturais que garanta, em primeiro lugar, a vida dos pobres da terra e, em segundo lugar, a biodiversidade e o equilíbrio do ecossistema. Noutras palavras: a criação, na perspectiva bíblica, é inseparável da salvação/redenção. Há, mesmo, pelo menos do ponto de vista histórico-experiencial, um primado da salvação-redenção sobre a criação.[36] Mais ainda. A criação é experimentada, em primeiro lugar, como salvação, e sua confissão está, em grande parte, em função da mesma salvação.[37] No fim das contas, a plenitude da criação aca-

---

[35] Cf. SATTLER; SCHNEIDER, Doutrina da criação, p. 117s. BOFF, *Ecologia;* grito da terra, grito dos pobres, p. 63-100.

[36] Cf. TRIGO, Pedro. *Criação e história.* Petrópolis: Vozes, 1988. p. 58-83. SATTLER; SCHNEIDER, Doutrina da criação, p. 141-144.

[37] Não se deve esquecer de que o primeiro relato da criação (Gn 1,1–2,4) situa-se no exílio da Babilônia no contexto da luta pela reafirmação do sábado judaico e da polêmica contra os deuses babilônicos: sol, lua, estrelas. Cf. SCHWANTES, Milton. *Projetos de esperança;* meditações sobre Gn 1-11. Petrópolis: Vozes, 1989. p. 25-35. Esse é o mesmo contexto de Dêutero-Isaías (Is 40-55), cujo núcleo mais central é o anúncio de um novo êxodo – da Babilônia rumo à Palestina. Cf. SCHWANTES, Milton. *Sofrimento e esperança no exílio;* história e teologia do povo de Deus no século VI a.C. São Paulo: Paulus, 1987. p. 88-102. De modo que a relação entre criação e libertação é muito mais estreita do que parece.

ba coincidindo com a plenitude da salvação.[38] Poder-se-ia dizer que o que deve ser salvo/redimido é o que foi criado e que, portanto, a perspectiva da criação é mais radical do que a perspectiva da redenção. Em parte, é verdade. Desde que se reconheça que (a) a criação realmente existente é a que precisa ser redimida, que (b) só na medida em que é redimida pode revelar-se plenamente e que (c) isso não signifique uma relativização nem leve a um enfraquecimento da missão salvífico/redentora que compete à Igreja hoje enquanto corpo histórico de Jesus Cristo.

Importa, em última instância, buscar e/ou abrir caminhos que sejam mediações reais e efetivas do Reinado ou governo de Deus na dimensão socioambiental da vida humana, isto é, encontrar ou criar formas sócio-históricas de uso e apropriação dos bens naturais que sejam, ao mesmo tempo, socialmente justas e ecologicamente sustentáveis. Para isso se requer muita criatividade e ousadia. Não existe receita, nem *abracadabra*, nem caminho único. As formas de enfrentamento dependem da situação, das reais possibilidades dos grupos mais diretamente envolvidos, da correlação de forças nos interesses em jogo etc. Tam-

---

[38] Em primeiro lugar, porque, na tradição bíblica, a natureza participa de alguma forma na libertação do povo (Ex 15,1-18; Sl 96; 98; Is 35; 55,12s). Nesse sentido, é interessante o fato de Paulo (Rm 8,18-23), encorajando os cristãos de Roma, ao contrapor "os sofrimentos do tempo presente" com a "a glória que há de ser revelada" (v. 18), usar a expressão grega *ktísis* (χτίσις) para falar dos que – além dos cristãos que já possuem "as primícias do Espírito" mas aguardam o resgate do corpo (v. 23) – esperam a redenção (v. 19-22). Esta expressão, diz Alonso Schökel, pode significar tanto *criação* quanto *humanidade*. Embora a tradição exegética tenha optado por criação, diz ele, "o correlativo 'nós' e o contexto sobre escravidão e liberdade, corrupção e glória, fracasso e esperança" favorecem humanidade. Em outras palavras, "a 'nós', os cristãos, se opõe o resto da humanidade; e não a 'nós', os homens, se opõe o resto da criação". Cf. comentário ao texto em nota de rodapé na *Bíblia do Peregrino*. Dentro da tradição acima referida seria muito razoável pensar que a expressão pode significar também, simultaneamente, criação e humanidade: "a humanidade/criação geme com dores de parto" (cf. v. 22). Em segundo lugar, porque o "primogênito de toda a criação" (Cl 1,15), Aquele em quem, por quem e para quem tudo foi criado (cf. Cl 1,16s; Rm 11,36) é, ele mesmo, o *novo Adão* (1Cor 15,21s.45; Rm 5,14), o *reconciliador* (Cl 1,20; 2Cor 5,18s), o mediador da *nova criação* (2Cor 5,17; Gl 6,15; Ef 4,22-24), o *renovador* do universo (Ap 21,5), enfim, "o Alfa e o Ômega, o Princípio e o Fim" (Ap 21,6).

pouco se trata de algo tranquilo, pacífico, harmônico. Na problemática ambiental estão em jogo interesses muito distintos, sobretudo econômicos. A perseguição e mesmo o martírio de tantas lideranças populares são expressões inequívocas da dimensão e profundidade do conflito. Não obstante, há resistência, lutas, experiências, entregas, conquistas..., nas quais se pode reconhecer o senhoril e a realeza de Deus. Trata-se de realidades limitadas, impotentes, ambíguas, contraditórias, como queira, mas reais e efetivas. Realidades que são ao mesmo tempo indícios/sinais e sal/fermento socioambientais do Reinado de Deus. Queremos destacar apenas três delas.

Movimento ecológico popular

Em primeiro lugar, o que poderíamos chamar de *movimento ecológico popular*, em que "a luta em defesa do ambiente natural e das populações pobres adquiriu uma real simbiose".[39] Trata-se de uma quantidade enorme de pequenos e grandes movimentos, mais ou menos articulados, na busca de uma nova forma de gestão dos bens naturais a partir e em função das necessidades e dos interesses das comunidades pobres. Dos movimentos mais localizados e pontuais aos mais amplos e institucionalizados. Dos que se enfrentam com pessoas, empresas e grupos particulares aos que se enfrentam com governos e órgãos públicos (municipal, estadual ou federal): preservação e socialização de uma lagoa, de um açude, de um rio, do manguezal etc.; organização de seringueiros, de quebradeiras de coco, de castanheiros; Movimento dos Atingidos por Barragem (MAB); movimentos de sem-

---

[39] PÁDUA, Desenvolvimento humano e meio ambiente no Brasil, p. 57s.

-terra; movimentos indígenas; organização de pescadores e marisqueiras; Movimento dos Pequenos Agricultores (MPA); movimentos de agroecologia, Economia Popular Solidária (EPS); associações e Movimento Nacional de Catadores de Material Reciclável, entre outros. Como parte dessa luta socioambiental mais ampla e como presença visível e institucional da Igreja, estão, entre outros, a Comissão Pastoral da Terra (CPT), o Conselho Indigenista Missionário (CIMI), o Conselho Pastoral dos Pescadores (CPP), a Pastoral do Povo da Rua e a Cáritas. Aí se vai, aos poucos, desenvolvendo formas de uso e apropriação dos bens naturais socialmente mais justas e ecologicamente mais sustentáveis. Dessas experiências vão emergindo uma nova imagem e autocompreensão do ser humano, as quais, por sua vez, tornam-se decisivas na busca e aprofundamento dessas mesmas experiências. Aqui vale, acima de tudo, uma das propostas do *Documento de Aparecida*: "Aprofundar a presença pastoral nas populações mais frágeis e ameaçadas pelo desenvolvimento predatório, e apoiá-las em seus esforços para conseguir equitativa distribuição da terra, da água e dos espaços urbanos" (n. 474b).

Profetismo socioambiental

Em segundo lugar, o *profetismo socioambiental*. Tanto no seu aspecto de denúncia quanto no seu aspecto de anúncio. Ele abrange três níveis, ou adquire três configurações. A primeira e mais fundamental é aquela que se identifica com a própria vida de pessoas e comunidades pobres. Suas vidas, privadas das condições materiais básicas de sobrevivência, são, em si mesmas e sem mais, denúncia da forma de uso e apropriação dos bens naturais em voga. E são, às vezes, anúncio de formas socialmente mais justas e ambientalmente mais sustentáveis. É o caso, por exemplo, de muitas comunidades tradicionais e de muitas experiências agroecológicas e de EPS mais recentes. A segunda diz respeito à função ou dimensão profética do que chamamos acima movimento ecológico popular. Tem um caráter marcadamente coletivo e organizativo. É exercida através da organização dos pobres e seus aliados, denunciando determinadas formas de uso e apropriação dos bens naturais e ensaiando e anunciando formas socialmente mais justas e ambientalmente mais sustentáveis de gestão desses bens. É a profecia dos movimentos socioambientais. A terceira é a que se insere na tradição dos grandes profetas bíblicos. Emerge, normalmente, em situações-limite e se caracteriza pela radicalidade do conteúdo (ir à raiz) e da forma como é exercida (desconcertante/chocante/provocativa). É o caso de um Pedro Casaldáliga, de um Tomás Balduíno ou, mais recentemente, de um Luiz Cappio, dentre outros(as). O jejum profético de Dom Cappio, por exemplo, foi, sem dúvida alguma, um gesto extremo, radical, difícil de ser compreendido e digerido. "Escândalo e loucura" para uns, "força de Deus e sabedoria de Deus" para outros (cf. 1Cor 1,18-31). Como dizia na carta ao presidente Lula, por ocasião do primeiro jejum (26/9-5/10/2005), "quando cessa o entendimento e a razão, a loucura fala mais alto". Torna-se o último grito de denúncia, o último apelo ao coração, o último suspiro da teimosa "esperança contra toda esperança", a expressão última de fidelidade, amor e entrega à vida e ao Deus da vida. E isso, dizia em sua carta por ocasião do fim do segundo jejum (27/11-20/12/2007), "vale uma vida e sou feliz por me dedicar a esta causa, como parte de minha entrega ao Deus da

Vida, à Água Viva que é Jesus e que se dá àqueles que vivem massacrados pelas estruturas que geram a opressão e a morte".

Martírio por causa dos pobres

Por fim, em terceiro lugar, o *martírio por causa dos pobres*. A lista de cristãos e não cristãos assassinados nas últimas décadas na América Latina na luta pela justiça, pelo direito dos pobres, é imensa.[40] O martírio é a expressão mais radical de fidelidade a uma causa/pessoa. É um testemunho tão radical que se impõe, por si mesmo, negativa ou positivamente, como digno de credibilidade. Afinal, não se entrega a própria vida por banalidade. Por isso que a memória dos mártires tem um poder de convocação e mobilização impressionante – não obstante toda sua impotência. Não sem razão diz Casaldáliga que "não há nada mais revolucionário do que o cadáver de um mártir". E não sem razão dizia Tertuliano que "o sangue dos mártires é semente de novos cristãos". Evidentemente, não se trata de qualquer memória.

> Há uma memória que é mera recordação do passado, uma memória morta, uma memória arquivada, uma memória do que não está mais vivo. Há outra memória que torna o passado presente não como mera recordação, mas como presença viva, como algo que, sem ser mais presente, tampouco é totalmente ausente, porque,

---

[40] Cf. Martirológio latino-americano. Disponível em: <http://www.servicioskoinonia.org/martirologio>. Muitos cristãos, perguntando-se o que isso tem a ver com a fé, chegaram à conclusão de que, se a característica fundamental do Reinado de Deus é a oferta de salvação aos pobres, tudo que contribui para a salvação dos pobres, na mesma medida e proporção, contribui para a realização do Reinado de Deus – alargando e radicalizando, assim, enormemente, a concepção cristã de martírio. "Mártir não é apenas nem principalmente o que morre *por* Cristo, mas o que morre *como* Jesus; mártir não é apenas nem principalmente o que morre *por causa* de Cristo, mas o que morre *pela causa* de Jesus" (SOBRINO, *Jesus, o libertador;...*, p. 381-390 – aqui, p. 385).

definitivamente, é parte da própria vida; não da vida que foi e passou, mas da vida que continua sendo.[41]

É dessa memória que se trata. Por isso, na Eucaristia (memória de Jesus, o protomártir), imploramos ao Espírito que "nos transforme naquilo que celebramos" – seu corpo e sangue entregues. Fazer memória dos que entregaram a vida na luta por formas socialmente mais justas e ecologicamente mais sustentáveis de uso e apropriação dos bens naturais é, ao mesmo tempo, confirmar as *causas* e pessoas pelas quais entregaram suas vidas e comprometer-nos a tomar parte na mesma luta. Celebrar a memória de Chico Mendes, de Margarida Alves, de Irmã Dorothy Stang, de Chicão Xucuru, de Padre Josimo etc. é, portanto, atualizar agradecida e comprometidamente sua vida entregue – é comprometer-se a tomar parte na mesma entrega. Nisso reside o poder da memória dos mártires: em sua atualização em nossa vida. É através dela que eles continuam presentes e atuantes.

São, apenas, indícios/sinais. É verdade. Mas indícios/sinais que, como fermento (Mt 13,33), sal (Mt 5,13) e luz (Mt 5,14ss), vão apressando a hora do parto (Rm 8,22): forçando e fragilizando o dinamismo socioambiental vigente e abrindo espaço para que, aos poucos, possa ir sendo reconfigurado na força e no dinamismo do Deus de Jesus (cf. 1Cor 4,20). Assim, a dimensão socioambiental do Reinado de Deus vai tomando corpo, vai se objetivando na história. Impotente, como na práxis de Jesus de Nazaré, mas eficiente! Importa abrir-nos a esse dinamismo, deixá-lo tomar corpo em nossa vida e, através dela, no

---

[41] ELLACURÍA, Ignacio. Memoria de monseñor Romero. In: *Escritos teológicos III*. San Salvador: UCA, 2002. p. 115.

conjunto da sociedade. Nisso, precisamente, consiste ser corpo de Cristo na história!

Conclusão

Não era nossa intenção fazer uma apresentação global da problemática ambiental nem de suas formas de enfrentamento. Queríamos tratar apenas de duas questões: seu caráter intrinsecamente social e sua abordagem cristã. E com uma finalidade muito concreta: ajudar os cristãos a enfrentarem, de modo cristão, a atual problemática ambiental.

Evidentemente, essa problemática pode ser abordada sob muitos aspectos, e o enfoque cristão dessa problemática não se reduz à questão da justiça aos pobres. O aspecto e o enfoque aqui desenvolvidos se justificam por duas razões. Em primeiro lugar, por se tratarem de aspecto e enfoque constitutivos e centrais da problemática ambiental e de seu enfrentamento cristão, respectivamente. Em segundo lugar, pela tendência/tentação atual de muitos cristãos relativizarem (ingênua ou cinicamente) sua dimensão social e o caráter salvífico-redentor-libertador que caracteriza o enfrentamento cristão da questão ambiental.

Que se aborde outros aspectos, que se ampliem as abordagens, mas que não se ofusquem nem se relativizem o aspecto social da problemática ambiental nem a centralidade da justiça aos pobres, que caracterizam o modo cristão de enfrentamento dessas questões.

ORAÇÃO A SÃO FRANCISCO EM FORMA DE DESABAFO

Pedro Casaldáliga

Compadre Francisco, como vais de glória?
E a comadre Clara e a irmandade toda?

Nós, aqui na terra, vamos mal vivendo,
que a cobiça é grande e o amor pequeno.

O amor divino é mui pouco amado
e é flor de uma noite o amor humano

Metade do mundo definha de fome
e a outra metade com medo da morte.

A sábia loucura do santo Evangelho
tem poucos alunos que a levem a sério.

Senhora pobreza, perfeita alegria
andam mais nos livros que nas nossas vidas.

Há muitos caminhos que levam a Roma.
Belém e o Calvário saíram de rota.

Nossa Madre Igreja melhorou de modo.
Mas tem muita cúria e carisma pouco.

Frades e conventos criaram vergonha,
mas é mais no jeito que por vida nova.

Muitos tecnocratas e poucos poetas,
muitos doutrinários e poucos profetas.

Armas e aparelhos, trustes e escritórios
planejam a história, manejam os povos.

A mãe natureza chora, poluída no ar e nas águas,
nos céus e nas minas.

Pássaros e flores morreram de amargura
e os lobos do espanto ganharam as ruas.

Murchou o estandarte da antiga arrogância.
São de ódio e lucro as nossas cruzadas.

Sucedem-se as guerras e os tratados sobram.
Sangue por petróleo os impérios trocam.

O mundo é tão velho que, para ser novo,
compadre Francisco, só fazendo outro...

... Quando Jesus Cristo e nossa Senhora
venham dar um jeito nessa terra nossa.

Compadre Francisco, tu faz uma força,
e a comadre Clara e a irmandade toda.

Capítulo VI

FÉ-POLÍTICA: UMA ABORDAGEM TEOLÓGICA[1]

A problemática "fé-política" é algo tão amplo e complexo que, enunciada sem mais, torna-se extremamente abstrata e vaga. O subtítulo deste capítulo apresenta já uma primeira delimitação de nossa abordagem da questão. Trata-se de uma "abordagem teológica", portanto, *a partir e em vista* da fé. Mas isso ainda é muito amplo e genérico. Aqui, não faremos senão esboçar o modo como, na perspectiva da fé cristã, essa problemática deve ser compreendida e formulada, respeitando e potencializando tanto a *unidade estrutural* "fé-política" quanto a *autonomia relativa* da fé e da política, sem a qual tampouco se pode falar de sua unidade estrutural.

Começaremos explicitando o modo ou o método que nos parece mais adequado para o tratamento da questão (1) e em seguida esboçaremos a estrutura fundamental de sua abordagem: dimensão política da fé (2), caráter teologal da política (3) e mediação da dimensão política da fé e do caráter teologal da política (4).

---

[1] Publicado na revista *Horizonte* 7/15 (2009). Disponível em: <http://periodicos.pucminas.br/index.php/horizonte>.

Modo de tratamento da problemática "fé-política"

Pelo menos didaticamente, podem-se identificar três modos ou tipos (tipologias) de compreensão e formulação da problemática "fé-política".

Modo reducionista e ideológico

Um primeiro modo ou tipo tende, prática e/ou teoricamente, a eliminar um dos aspectos da questão em função do outro. Algumas vezes, põe-se tanta ênfase na política que a fé acaba sendo eliminada ou de tal modo subordinada à política que perde toda autonomia e eficácia. Reduz-se, na melhor das hipóteses, a um instrumento mais ou menos útil da política: utopia social, despertar para o engajamento, motor para a luta, formação de quadros etc. Outras vezes, acentuam-se tanto a importância e a autonomia da fé que ela acaba parecendo algo autossuficiente e independente da política. E, aqui, o risco de instrumentalização da fé é ainda maior porque se dá precisamente em nome de sua autonomia. Na verdade, como diz *Puebla*, a pretensão de anunciar "um Evangelho sem conexões econômicas, sociais, culturais e políticas", no fim das contas, "equivale a certo conluio – embora inconsciente – com a ordem estabelecida" (n. 558). De uma forma ou de outra, dá-se, aqui, um *modo reducionista e ideológico* de compreensão e formulação da problemática "fé-política".

Modo dualista

Um segundo modo ou tipo parte da distinção ou mesmo separação entre fé e política para, em seguida, tentar estabelecer alguma relação ou conexão. Fé e política aparecem, num primeiro momento, como "esferas"[2] ou relatos[3] completos e autossuficientes, ainda que se possa e/ou se deva estabelecer, depois, alguma relação. O problema é que, pelo menos no modo de formulação, a "relação" entre ambas vem "depois" e acaba tendo um caráter mais extrínseco e acidental, na medida em que supõe os "relatos", em vez de constituí-los como tal. O valor desse modo ou tipo de compreensão e formulação da problemática é evitar o reducionismo e a ideologização a que nos referíamos anteriormente. O problema é que o faz de *modo dualista*, como se fosse possível abordar a fé prescindindo de sua dimensão política e como se a

---

[2] Essa é a metáfora que está por trás da formulação da relação entre justiça e caridade, fé e política, Igreja e Estado proposta por Bento XVI em sua encíclica *Deus é Amor* (n. 26-29). Aliás, as versões portuguesa, espanhola, francesa e italiana da encíclica traduzem as expressões latinas "ordem política" (*ad ordinem politicum*) e "duas províncias" (*duae provinciae*) por "esfera da política" (n. 29) e "duas esferas" (n. 28a), respectivamente. A propósito da metáfora "esfera" na encíclica, diz Wolfgang Huber, bispo luterano e presidente do Conselho da Igreja Evangélica na Alemanha: "Pode-se duvidar se a imagem da 'esfera' (grego: globo, bola), aqui, é realmente prestimosa. Pois a palavra 'esfera' tem a conotação de perfeição, regularidade e formosura. Na verdade, é difícil imaginar uma relação de complementaridade e de respectividade entre 'esferas'. A imagem da 'esfera' parece evocar ainda algo do pensamento das sociedades perfeitas (*societates perfectae*), com o qual o papa Leão XIII entendeu Estado e Igreja" (HUBER, Wolfgang. Reinigung der Liebe – Reinigung der Vernunft. Zur päpstlichen Enzyklika *Deus Caritas Est*. In: HUBER, Wolfgang.; LABARDAKIS, Augoustinos; LEHMANN, Karl. *Benedikt XVI. Gott ist Liebe*. Die Enzyklika "Deus Caritas Est". Freibug-Basel-Wien: Herder, 2006. p. 97-111 – aqui, p. 102).

[3] Essa é a tendência de Clodovis Boff no modo de formulação da problemática (método) e, mesmo, em algumas de suas formulações. Às vezes, recorre explicitamente à metáfora "esfera" (cf. BOFF, Clodovis. Os cristãos e a questão partidária. In: VV. AA. *Cristãos;* como fazer política. Petrópolis: Vozes, 1989. p. 9-46. De volta à questão. In: VV. AA., *Cristãos;...*, p. 149-164). Outras vezes, fala da relação entre "polos" simétricos ou assimétricos (cf. BOFF, Clodovis. Retorno à *arché* da teologia. In: SUSIN, Luiz Carlos (org.). *Sarça ardente. Teologia na América Latina;* perspectivas. São Paulo: Paulinas, 2000. p. 145-187 – aqui, p. 177-180) ou da relação entre "dois termos" (cf. BOFF, Clodovis. *Comunidade eclesial   comunidade política*. Ensaios de eclesiologia política. Petrópolis: Vozes, 1978. p. 13-18). De uma forma ou de outra, a problemática "fé-política" é compreendida e formulada por C. Boff como "relação" entre "esferas", "polos" ou "termos" previamente definidos: "Para se colocar em relação Fé e Política, Igreja e Sociedade de maneira adequada, é necessário antes de tudo examinar os dois termos da relação separadamente e sua eventual autonomia para depois estabelecer as relações que esses dois termos podem manter um com o outro". Dessa forma, "a fé, entendida como opção fundamental de vida, se entende por si mesma, sem dever se referir diretamente à política. Ela tem, pois, uma significação própria e irredutível" (Ibid., p. 13).

política não tivesse em si mesma um caráter teologal. Fé e política não podem ser tomadas como "esferas" ou "relatos" completos e autossuficientes. A fé tem uma dimensão política constitutiva e a política tem um caráter teologal objetivo.

Modo estrutural

Um terceiro modo ou tipo de compreensão e formulação da problemática "fé-política" é o que poderíamos chamar *modo estrutural*: parte da "unidade estrutural" radical entre ambas e, nessa unidade, procura explicitar a especificidade e a autonomia relativa da fé e da política. Ele tem uma dupla vantagem. Primeiro, parte da realidade mesma da fé que não se apresenta como uma "coisa" separada das dimensões social, política, econômica, cultural etc. da vida humana, por mais que não se identifique/reduza a nenhuma dessas dimensões. Segundo, trata a especificidade e a autonomia da fé e da política em termos de "unidade estrutural", para além de todo reducionismo/monismo e de todo dualismo. "A unidade estrutural, por sua própria definição, exige pluralidade qualitativa de elementos. E essa pluralidade qualitativa de elementos enriquece a unidade, mas de modo que todas essas coisas distintas são [coisas] do todo e constituem uma unidade primária".[4] Aqui, fé e política não se identificam sem mais (monismo), tampouco constituem "esferas" ou "relatos" autossuficientes que depois se poderão ou deverão

---

[4] ELLACURÍA, Ignacio. El desafío cristiano de la teología de la liberación. In: *Escritos teológicos I*. San Salvador: UCA, 2000. p. 19-33 – aqui, p. 24. Esse é o modo ellacuriano de compreensão e formulação da revelação e da fé cristãs em seus mais diversos aspectos ou dimensões (cf. Teorías económicas y relación entre cristianismo y socialismo. In: *Escritos teológicos I*, p. 303-312. Teología de la liberación frente al cambio socio-histórico en América Latina. *Escritos teológicos I*, p. 313-345. Fe y justicia. In: *Escritos teológicos III*. San Salvador: UCA, 2002. p. 307-373).

"relacionar" (dualismo). São realidades (autonomia) respectivamente constituídas (unidade essencial).

Este nos parece o modo mais adequado e mais consequente de abordagem teológica da problemática política, na medida em que se faz a partir e em função da fé e na medida em que mantém a especificidade e a autonomia relativa da fé e da política. É o que tentaremos mostrar a seguir, esboçando suas teses fundamentais: dimensão política da fé, caráter teologal da política e problemática da mediação.

Dimensão política da fé

A fé cristã designa fundamentalmente "o ato pelo qual a salvação que teve lugar em Cristo alcança as pessoas e as comunidades, transformando-as e iniciando uma nova criação".[5] É, antes de tudo, dom de Deus em Cristo Jesus (Ef 2,8ss), mas um dom que, uma vez acolhido, recria-nos, inserindo-nos ativamente em seu próprio dinamismo: "[...] criando-nos no Cristo Jesus, em vista das boas obras que preparou de antemão, para que nós as pratiquemos" (Ef 2,10). A vida nova em Cristo torna-nos partícipes/colaboradores de sua missão salvífica no mundo (2Cor 5,17-21) e se manifesta no modo concreto como agimos: "Quem diz que permanece em Deus deve, pessoalmente, caminhar como Jesus caminhou" (1Jo 2,6). A fé se mostra pelas obras (cf. Tg 2,18): pelos frutos, conhece-se a árvore (Lc 6,43s). Ela consiste, portanto, num dinamismo de vida, num jeito de configurar a vida, numa

---

[5] GONZÁLEZ, Antonio. Fe. In: TAMAYO-ACOSTA, Juan-José (dir.). *Nuevo diccionario de teología*. Madrid: Trotta, 2005. p. 369-376 – aqui, p. 369.

práxis. Numa palavra, ela consiste no *seguimento* de Jesus de Nazaré: viver como Jesus viveu. E esse modo ou jeito de viver diz respeito a todas as dimensões de nossa vida: pessoal, sexual, familiar, social, política, econômica, cultural, religiosa, gênero etc. A vida do seguidor de Jesus deve ser con*forma*da (Fl 2,3-11) ou con*figura*da (Rm 8,29; Ef 4,24; Cl 3,10) a ele em sua totalidade. A fé se realiza ou toma corpo nas diversas dimensões da vida do crente, que, por sua vez, se constituem como medida ou mensura da fé. Aqui estão traçadas as coordenadas fundamentais para uma compreensão e formulação adequadas da *dimensão política da fé*: problemática da mediação da fé (1), política como dimensão da fé (2) e autonomia relativa da fé e da política (3). É o que tentaremos esboçar a seguir, quase que à maneira de teses.

A problemática da mediação da fé

Não existe fé independentemente de um modo de vida, isto é, de uma forma ou figura concreta de vida. Daí por que não se pode falar de fé "em si", como algo separado da vida/práxis concreta do crente. Nem sequer se trata, simplesmente, de "relacionar" fé e vida, como se elas fossem "esferas" ou "relatos" autossuficientes a que, depois, se pudesse ou se devesse estabelecer alguma relação ou conexão. A fé cristã diz respeito à con*forma*ção ou à con*figura*ção de nossa vida a Jesus Cristo e enquanto tal ela é sempre mediada por essa con*forma*ção ou con*figura*ção. É um dinamismo de vida suscitado por Jesus e seu Espírito que, uma vez apropriado por nós, vai conformando ou configurando nossa vida e nosso mundo segundo esse mesmo dinamismo. É, portanto, "obra de Deus" em nós (Jo 6,29; 1Cor 12,3) e configuração de nossa vida "no Senhor" (Fl 4,8; Cl 3,17). Configuração que diz respeito à totalidade de nossa vida e que depende, em boa medida, da situação ou do contexto em que nos encontramos e das possibilidades reais de que dispomos.

Por um lado, insistimos, a fé cristã vai se realizando e tomando corpo nas mais diversas dimensões da vida humana; vai sendo mediada por elas e é medida/mensurada por elas. Evidentemente, pode-se e, às vezes, deve-se dar maior destaque e relevância a uma ou outra dimensão da vida, dependendo das necessidades e exigências de cada situação ou contexto. Mas qualquer reducionismo é arbitrário e, no fim das contas, empobrecedor e comprometedor da própria fé.

Por outro lado, o processo de configuração da vida "no Senhor" é um processo histórico e, portanto, condicionado e possibilitado historicamente. Depende de cada situação ou contexto e depende das possibilidades materiais, biológicas, psíquicas, sociais, culturais, religiosas etc. com as quais realmente se conta em cada momento ou situação. Daí que a fé cristã, sendo sempre a mesma (fé *de* Jesus), é sempre diversa (fé *dos com* Jesus nas diversas situações históricas).

Esse é um dos paradoxos e um dos dramas fundamentais da fé cristã: um dinamismo de vida suscitado por Jesus e seu Espírito (*dom*) que deve tomar corpo em situações e contextos diversos, a partir das possibilidades reais disponíveis (*tarefa*). Deve configurar nossa vida e nosso mundo segundo esse dinamismo – contra todo fatalismo e determinismo. Mas só pode fazê-lo a partir das possibilidades reais disponíveis – contra toda forma de idealismo e espiritualismo. E isso vale para todas as dimensões da vida: da sexual à econômica. Todas elas devem ser configuradas segundo o dinamismo suscitado por Jesus e seu Espírito. Mas essa configuração dependerá, em grande parte, das possibilidades com que se conta em cada caso. Daí que a fé, inserindo-nos no dinamismo salvífico-recriador de Jesus, não nos oferece receita sexual, política, econômica etc., mas, antes, constitui-se como desafio e missão.

O grande desafio da fé consiste, portanto, em discernir e escolher, em cada caso e em cada situação, entre as *reais* possibilidades disponíveis, as mais adequadas e mais fecundas para a configuração de nossa vida e de nosso mundo segundo o dinamismo suscitado por Jesus e seu Espírito. Nesse processo, é preciso ter sempre em conta que, se nenhuma possibilidade real é absolutamente adequada, no sentido de esgotar as potencialidades desse dinamismo, elas não são igualmente (in)adequadas: umas são mais (in)adequadas do que outras. Aqui, conta-se sempre com uma boa dose de risco, de aposta... Em todo caso, *um critério fundamental e permanente* de discernimento das possibilidades a serem apropriadas, em qualquer que seja a dimensão da vida, são as necessidades e os clamores da humanidade sofredora, das vítimas de toda e qualquer forma de injustiça e exclusão (Mt 25,31-46; Lc 10,25-37; Mt 20,1-16).

A política como dimensão da fé

É claro que, se a fé, enquanto dinamismo de vida ou modo de viver e configurar a vida, diz respeito à totalidade da vida humana, ela diz respeito, evidentemente, ao modo como nos vinculamos uns aos outros e *inter*-agimos (sociedade ou política no sentido amplo da palavra) e ao modo como organizamos e regulamos nossa vida coletiva (Estado ou política no sentido mais estrito da palavra).[6] Ela tem, portanto, uma dimensão sociopolítica essencial.[7] O Cristianismo, diz *Puebla*, "deve evangelizar a totalidade da existência humana, até mesmo a dimensão política". E por uma razão muito fundamental. "Efetivamente a necessidade da presença da Igreja no âmbito político provém do mais íntimo da fé cristã: o domínio de Cristo que se estende a toda a vida. Cristo marca a irmandade definitiva da humanidade" (n. 515-516).

Falar da *dimensão* política da fé ou da política como *dimensão* da fé implica duas coisas fundamentais. Por um lado, fé e política não são "esferas" ou "relatos" completos e autossuficientes que se podem ou se devem "relacionar" depois. A política é constitutiva da fé e não algo extrínseco que casualmente se junta ou se relaciona com ela. Por outro lado, fé e política tampouco se identificam. A política é constitutiva da fé, mas é apenas uma de suas dimensões (mensura) ou notas (notifica). A fé tem muitas outras dimensões ou notas (pessoal, econômica, cultural, religiosa, ecológica etc.) e em hipótese alguma pode se reduzir à política. Ambas as afirmações são fundamentais para se compreender e se formular adequadamente o caráter dimensional da política na fé: mensura ou notifica (é momento *da* fé), mas o faz sob certa medida ou sob certo aspecto (é *um* momento). Dessa forma, nem a política se relaciona de fora com a fé (dualismo), nem a fé se

---

[6] Cf. GONZÁLEZ, Antonio. *Introducción a la práctica de la filosofía*. Texto de iniciación. San Salvador: UCA, 2005. p. 237-281. Puebla distinguiu dois conceitos de política (n. 521 e 523) e, desde então, tornou-se comum na América Latina falar de Política com "P" maiúsculo e política com "p" minúsculo (cf. BOFF, Leonardo. *Igreja;* carisma e poder. Vozes: Petrópolis, 1981. p. 51-53. TABORDA, Francisco. *Cristianismo e ideologia*. Ensaios teológicos. São Paulo: Loyola, 1984. p. 143-145).

[7] Cf. BOFF, Leonardo. *A fé na periferia do mundo*. Petrópolis: Vozes, 1979. p. 98.

reduz à política (monismo). Isso nos leva ao problema da autonomia relativa da fé respeito à política e da política respeito à fé.

Autonomia relativa da fé e da política

Falar de *autonomia relativa* da fé com referência à política e da política no tocante à fé é falar tanto da *unidade estrutural radical* "fé-política" quanto da *irredutibilidade e especificidade* de cada uma delas respeito à outra. Nem a unidade estrutural compromete a especificidade, nem a especificidade se dá fora ou prescindindo da unidade estrutural. A fé se objetiva e se deixa mensurar na política sem se reduzir a ela. Está estruturalmente unida à política sem perder sua autonomia relativa. A política, por sua vez, é uma dimensão (mensura) ou nota (notifica) da fé. Enquanto tal, ela é constitutiva da fé (unidade estrutural) e tem uma autonomia relativa com relação à mesma fé (especificidade). Tem uma estrutura e um dinamismo próprios que, embora não sejam independentes da fé, tampouco se identificam sem mais com a estrutura e o dinamismo da fé que estão constituídos pela totalidade de suas dimensões ou notas e não simplesmente por sua dimensão ou nota política. A *autonomia* da fé em relação à política e da política em relação à fé se dá, portanto, *no interior da unidade estrutural* "fé-política", por isso mesmo é uma *autonomia relativa* e não absoluta.

Já o Concílio Vaticano II, em sua constituição pastoral *Gaudium et Spes* (*GS*) sobre a Igreja no mundo de hoje, afirmava, a seu modo, a autonomia relativa entre o que chamava "realidades terrestres" e a missão "religiosa" da Igreja.

Por um lado, afirma "a autonomia dos homens, das sociedades e das ciências" sem negar ou comprometer "a união mais íntima da atividade humana com a religião": "Se por autonomia das realidades terrenas se entende que as coisas criadas e as próprias sociedades têm leis e valores próprios, que o homem irá gradualmente descobrindo, utilizando e organizando, é perfeitamente legítimo exigir tal autonomia [...]".[8] "Se, porém, com as palavras 'autonomia das realidades temporais' se entende que as criaturas não dependem de Deus e que o homem pode usar delas sem as ordenar ao Criador, ninguém que acredite em Deus deixa de ver a falsidade de tais assertos" (*GS*, n. 36). Noutras palavras, o reconhecimento e a afirmação crentes da "autonomia das realidades terrestres" nem negam, nem comprometem sua "união mais íntima" ou sua respectividade constitutiva à religião e a Deus.

Por outro lado, afirma a especificidade e irredutibilidade da missão da Igreja sem comprometer sua unidade estrutural com o dinamismo da comunidade humana:

> Certamente, a missão própria confiada por Cristo à sua Igreja, não é de ordem política, econômica ou social: o fim que lhe propôs é, com efeito, de ordem religiosa. Mas desta mesma missão religiosa deriva um encargo [*munus*], uma luz [*lux*] e uma energia [*viris*] que podem servir para o estabelecimento e consolidação da comunidade humana segundo a lei divina" (*GS*, n. 42).

A propósito desse texto do Concílio, diz Ellacuría em seu comentário à terceira carta pastoral de Dom Oscar Romero sobre *A Igreja e as organizações políticas populares*:

---

[8] Tal exigência, diz o Concílio, além de ser algo "reivindicado pelos homens de nosso tempo", é algo que "está de acordo com a vontade do Criador". Pois, "em virtude do próprio fato da criação, todas as coisas possuem consistência, verdade, bondade e leis próprias, que o homem deve respeitar, reconhecendo os métodos peculiares de cada ciência e arte" (*GS*, n. 36).

É preciso esclarecer, aqui, o que significa que a missão não é de ordem política, econômica ou social, esclarecimento exigido pelo próprio texto que fala de como a missão religiosa reverte sobre o político, o econômico e o social. Efetivamente, a Igreja tem uma missão própria que não se identifica com a missão do Estado, nem com a dos partidos políticos, nem com a das empresas, nem com a dos sindicatos, nem com a das próprias organizações populares. Distingue-se de todas essas instituições pelo fim que a Igreja pretende e pelos meios que lhes são próprios, mas não se distingue por se referir ao que não fosse próprio das outras instituições. Nada do humano é estranho ao Cristianismo; o próprio do Cristianismo é o fim que se persegue com o humano e os meios com os quais se busca a realização desse fim. Daí que a missão da Igreja tenha a ver com o político, com o econômico e com o social. Não é dessa ordem, mas tem a ver com cada uma dessas ordens. O Concílio formula esse ter a ver em termos de ter encargos, luzes e energias para que a sociedade humana seja como Deus quer. Portanto, a Igreja deve ter de introduzir no político, no econômico e no social não apenas luzes e energias, mas também funções que deem mais realidade a essas luzes e energias.[9]

Importa, aqui, insistir no paradoxo do caráter dimensional da política na fé. Por um lado, "fé-política" constitui uma *unidade estrutural* radical: a política é uma dimensão constitutiva da fé e, enquanto tal, medeia e mensura a própria fé. Por outro lado, fé e política são realidades relativamente autônomas: *relativamente* porque não são independentes uma da outra, mas se constituem em respectividade uma à outra; *autônomas* porque, embora tendo a ver constitutivamente uma com a outra, cada uma tem dinamismo, estrutura, mediações e tarefas próprias irredutíveis.

Mas esse é apenas um lado da moeda. Se a fé cristã, enquanto seguimento de Jesus, tem uma dimensão políti-

---

[9] ELLACURÍA, Ignacio. Comentarios a la carta pastoral. In: *Escritos políticos II*. San Salvador: UCA, 1993. p. 679-732 – aqui, p. 693.

ca constitutiva, por mais que não se reduza a ela, a política, por mais autônoma que seja, aparece, na perspectiva da fé, como uma realidade teologal radical. É o que explicitaremos a seguir.

Caráter teologal da política

(A) Se a fé cristã diz respeito ao modo como configuramos a totalidade de nossa vida segundo o dinamismo suscitado por Jesus e seu Espírito e (B) se a política diz respeito ao modo como nos vinculamos uns aos outros e *inter*-agimos (sociedade) e ao modo como organizamos e controlamos nossa vida coletiva (Estado), é claro que (C) a política tem a ver constitutivamente com a fé. E não só no sentido mais óbvio de que os cristãos devem atuar social e politicamente de modo que a sociedade e a política possam ir sendo configuradas segundo o dinamismo suscitado por Jesus e seu Espírito (dimensão política da fé), mas também no sentido menos óbvio e mais radical de que toda e qualquer forma de interação social e de organização política se apresenta, na perspectiva da fé cristã, como objetivação ou negação e como mediação ou obstáculo do dinamismo suscitado por Jesus e seu Espírito (caráter teologal da política). Convém determo-nos nesse segundo aspecto da problemática, explicitando melhor o teologal da política (1) em sua dupla característica/função de objetivação e de mediação (2).

O teologal da política

Na perspectiva da fé cristã, a política tem um caráter estritamente teologal: é "matéria de salvação ou de perdição", "tem caráter de salvação ou de perdição, de graça ou de pecado";[10] "toda política se oferece como sendo de fato Salvação ou Perdição, independentemente da ideologia política ou religiosa dos atores sociais".[11]

Mas é preciso compreender bem esse caráter teologal (salvação ou perdição – graça ou pecado) da política. Não se trata de nenhum tipo de neocristandade: subordinação e instrumentalização da política pela religião; *não tem nada a ver com a defesa de privilégios e interesses corporativistas de instituições religiosas.* Tampouco diz respeito ao fato de se tratar de ação/atividade de pessoas ou grupos religiosos, como se a ação/atividade política de pessoas ou grupos que não tenham nenhum vínculo religioso mais direto e explícito, ou mesmo que sejam ateus, não fosse uma ação/atividade teologal; *não se define sem mais por ser ação/atividade de pessoas crentes.* Nem sequer se identifica com sua explicitação teológica; não se define por uma referência direta, afirmativa ou negativa, a Deus; *não é sem mais questão de consciência religiosa:* "Senhor, quando te vimos faminto ou sedento, migrante ou nu, enfermo ou encarcerado e (não) te socorremos"? [...] "o que (não) fizestes a um destes mais pequenos, (não) o fizestes a mim" (cf. Mt 25,31-46).

O caráter teologal da política tem a ver com sua *respectividade objetiva* – positiva ou negativa – *ao dinamismo de vida suscitado por Jesus e seu Espírito*, isto é, diz respeito ao fato objetivo de concretizá-lo e favorecê-lo (graça/salvação) ou de negá-lo e dificultá-lo (pecado/condenação). Independentemente da consciência que se tenha

---

[10] TABORDA, *Cristianismo e ideologia*, p. 164 e 142, respectivamente.

[11] BOFF, *Comunidade eclesial – comunidade política*, p. 18.

disso, de quem realiza tal ação/atividade (crente, ateu, agnóstico) e de corresponder ou não aos interesses de determinada instituição religiosa. Não é, portanto, questão de consciência religiosa, de vivência explicita da fé, muito menos de interesses corporativistas de instituições religiosas, mas, muito mais radicalmente, *questão de modo de interação social e de organização política.*

Evidentemente, a fé cristã não tem nem se identifica com nenhum modelo político. Mas nem por isso é compatível com ou se deixa mediar por qualquer forma de interação social e de organização política – pelo menos na mesma proporção. E aqui, precisamente, reside o teologal de todo dinamismo social/político: em sua maior ou menor afinidade com o dinamismo de vida suscitado por Jesus e seu Espírito, cujo critério permanente e radical são as necessidades e os clamores da humanidade sofredora, das vítimas de toda e qualquer forma de injustiça e exclusão (Mt 25,31-46; Lc 10,25-37; Mt 20,1-16). Ele pode tanto permitir ou facilitar (dinamismo gracioso) quanto impedir ou dificultar (dinamismo pecaminoso) esse dinamismo. De uma forma ou de outra, no pecado ou na graça, aqui reside o teologal da política.

A política como objetivação e mediação teologais

No item anterior insistimos no caráter teologal radical (graça ou pecado) de todo dinamismo e ação/atividade políticas: maior ou menor afinidade objetiva com o dinamismo suscitado por Jesus e seu Espírito, cuja medida são as necessidades e os clamores dos pobres e oprimidos. Queremos, aqui, destacar a dupla característica ou função desse caráter teologal: objetivação e mediação.

Por um lado, o modo concreto como nos vinculamos uns aos outros e *inter*-agimos e o modo como organizamos politicamente nossa vida coletiva constituem-se como *objetivação*, positiva (graça) ou negativa (pecado), do dinamismo de vida suscitado por Jesus e seu Espírito; como afirmação ou negação *objetiva*, em nossa vida social e política, do Deus da libertação, da vida, da justiça, da paz, do perdão, dos pobres e oprimidos – tal como se revelou na história de Israel e, particularmente, na práxis de Jesus de Nazaré. E, independentemente, da consciência que se tenha disso e do vínculo positivo ou negativo com alguma igreja/religião. É o momento de realização/concretização/materialização/objetivação da dimensão social e política da graça e do pecado, para além de todo reducionismo intimista e espiritualista.

Por outro lado, na medida em que um modo qualquer de vínculo e interação social e, sobretudo, de organização política vai se impondo e se institucionalizando, ele vai adquirindo um poder enorme de configuração, no pecado ou na graça, de nossa vida individual e coletiva. Na verdade, nossa vida é muito mais condicionada e determinada socialmente do que parece: a forma como nos cumprimentamos uns aos outros (tu, você, senhor(a), excelência, eminência etc.), ser homem ou ser mulher, a produção e distribuição de bens e riquezas, a relação com o meio ambiente etc. tudo é, em grande parte, regulamentado e controlado socialmente. De modo que a política, além de se efetivar como objetivação do pecado ou da graça, constitui-se como *dinamismo* pecaminoso ou gracioso, isto é, como *mediação* do pecado ou da graça. Não só nega ou afirma objetivamente a Deus na vida social e política, mas, mais radicalmente, induz/impele/condiciona/força tal afirmação ou negação.

Enquanto realidade teologal, a política, além de se constituir como afirmação ou negação *objetiva* de Deus nas estruturas da sociedade, constitui-se também e mais radicalmente como *mediação* de tal afirmação ou negação.

Mediação da dimensão política da fé e do caráter teologal da política

Se a fé tem uma dimensão política fundamental e se a política tem um caráter teologal radical, a *mediação* da dimensão política da fé e do caráter teologal da política apresenta-se, para a fé cristã, como uma problemática e um desafio fundamentais e, quiçá, dos mais complexos e difíceis. Nela se joga, em boa medida, sua efetividade e sua eficácia. Embora não possamos tratar aqui adequadamente nem ao menos esboçar suficientemente tal problemática e desafio, indicaremos, em todo caso, alguns pontos que nos parecem fundamentais para esse tratamento ou, pelo menos, para seu esboço.

1. Trata-se, antes de tudo, de uma *mediação objetiva*. Vale pelo que medeia objetivamente. Não interessam tanto a confissão de fé explícita nem as boas intenções, das quais, como diz o dito popular, "o inferno está cheio". Interessam a efetividade e a eficácia da ação/atividade: exploração, dominação, preconceito, corrupção, concentração de bens, machismo etc. é objetivação e mediação de pecado, independentemente de quem pratica e das "boas intenções" com as quais pratica; solidariedade, honestidade, justiça, igualdade, distribuição de bens, proteção e defesa dos direitos dos pequenos etc. é objetivação e

mediação de graça, independentemente de quem pratica e do vínculo religioso que possua. Nesse sentido, convém manter-se sempre alerta e encarar com certa suspeita ideológica todo otimismo "religioso" e todo pessimismo "agnóstico e ateísta": "Nem todo aquele que me diz: 'Senhor! Senhor!', entrará no Reino de Deus, mas só aquele que põe em prática a vontade de meu Pai que está nos céus" (Mt 7,21). Nem sempre (sendo otimista!) os principais mediadores políticos da vontade de Deus são os que o confessam explicitamente...

2. O fato de a fé não se reduzir à política e de a política ter sua autonomia relativa não significa, como propõe Bento XVI em sua encíclica *Deus é Amor* (n. 28-29), que fé e política possam ser tomadas como "esferas" que se podem ou devem relacionar, nem, menos ainda, que a Igreja, como comunidade de fé, possa reduzir seu *opus proprium* à prática da caridade, considerando a justiça social como tarefa própria do Estado, ainda que reconhecendo que ela "não pode nem deve ficar à margem na luta pela justiça". Certamente, a Igreja é distinta do Estado tanto pelo fim quanto pelos meios de sua ação. Mas nem a justiça social é tarefa exclusiva do Estado (menos ainda de um Estado capitalista), nem o *opus proprium* da Igreja se reduz ao individual/*inter*-pessoal em oposição ao estrutural e a "obras de caridade" em oposição à justiça social: "[...] a promoção da justiça é parte integrante da evangelização [...]", como recorda *Puebla* (n. 1254).[12] À

---

[12] E o faz em referência ao Sínodo dos Bispos de 1974 e à encíclica *Evangelii Nuntiandi* de Paulo VI, citados explicitamente por João Paulo II no seu discurso inaugural: "A Igreja aprendeu [...] que sua missão evangelizadora possui como parte indispensável a ação pela justiça e as tarefas de promoção do homem e que entre evangelização e promoção humana existem laços bem fortes de ordem antropológica, teológica e de caridade; de modo que 'a evangelização não seria completa se não levasse em conta a interpelação recíproca que no curso dos tempos se estabelece entre o Evangelho e a vida concreta pessoal e social do homem'" (*Discurso inaugural*, 3.2).

Igreja interessa tanto a conversão dos corações quanto a transformação das estruturas sociais e "corresponde à sua natureza", como *opus proprium* ou "dever congênito", não só a prática da caridade, mas também a realização da justiça social. E o faz não apenas através da "purificação da razão" e do "despertar das forças morais" (*Deus é Amor*, n. 29). Além de "luzes" e "energias", ela tem também "funções" a desempenhar (cf. *GS*, n. 42). Como diz Paulo VI, em sua encíclica *Octogesima Adveniens*: "No campo social, a Igreja sempre teve a preocupação de assumir um duplo papel: o de iluminar os espíritos [...] e o de entrar na ação e difundir, com uma real solicitude de serviço e de eficácia, as energias do Evangelho" (n. 48).

3. A Igreja realiza sua missão *própria* de transformação das estruturas e realização da justiça social tanto através da ação/atividade dos cristãos individualmente considerados (modo de vida, participação direta ou indireta em organizações sociais ou políticas, cargos públicos e de governo, competência técnica etc.) quanto através da ação/atividade de comunidades/grupos cristãos (vivência comunitária, anúncio do Evangelho, formação de consciência, ação pastoral, denúncia das injustiças, participação direta em ou apoio a lutas e organizações populares etc.) e mesmo do conjunto da Igreja, institucionalmente considerada (Pastorais e Organismos Sociais, trabalho de base, mobilizações de massa, denúncia das injustiças, participação ou apoio institucional/físico/material a causas e lutas populares etc.). Cada um desses modos de atuação tem um dinamismo próprio que precisa ser reconhecido e respeitado.

4. No que diz respeito à atuação da comunidade eclesial, institucionalmente considerada, convém distinguir

entre processos e organizações mais propriamente sociais (sociedade) e processos e organizações mais propriamente políticos (Estado). A instituição eclesial, insiste Ignacio Ellacuría, tem mais a ver com o social do que com o político: "A instituição eclesial é e deve ser uma força que se move direta e formalmente no âmbito do social e não no âmbito do estatal e que lança mão do poder social e não do poder político para realizar sua missão".[13] Isso se justifica tanto pelo "caráter social e não político da instituição eclesial" quanto pelo "caráter mais real" e "mais participativo" do social, quanto, ainda, pelo fato de representar "uma tentação menor para a Igreja" na realização de sua missão. Nada disso significa renunciar ao caráter e à eficácia estritamente políticos da fé, mas, antes, realizá-los a partir do lugar e do dinamismo mais próprio da instituição eclesial, isto é, "da pressão social, através da palavra e do gesto e não do manejo do poder político".[14] Tudo isso, diz ele, "repercutirá ultimamente na esfera do político, sobre a qual se deve pressionar como força social e através das forças sociais".[15]

5. O caráter social da Igreja e sua consequente afinidade com os processos e organizações mais propriamente sociais não pode levar a uma identificação total da Igreja com nenhuma organização social, por mais afim que seja com sua missão. Primeiro, porque a missão da Igreja não

---

[13] ELLACURÍA, Teología de la liberación frente al cambio socio-histórico en América Latina, p. 313-353 – aqui, p. 328s.

[14] Ibid., p. 329.

[15] Ibid., p. 331. Bento XVI também fala da Igreja como "força social" ou "força viva" da sociedade (*Deus é Amor*, n. 28), mas o faz reduzindo seu *opus proprium* a "obras de caridade" em contraposição ao Estado, a quem caberia diretamente a transformação das estruturas e a realização da justiça social. Para Ellacuría, o caráter social e não político da Igreja não significa que a transformação das estruturas e a realização da justiça social não sejam "missão própria" ou "dever congênito" da Igreja. Simplesmente determina ou condiciona o modo como ela realiza tal missão: como "força social" e não como "poder político".

se reduz ao social, por mais que esta seja uma de suas dimensões constitutivas. Segundo, porque, por mais que as organizações sociais sejam um lugar privilegiado para a realização da dimensão política da fé, não é o único lugar. A vivência comunitária, a pregação, a educação, entre outros, *podem* ser também lugares eficazes de vivência da dimensão social e política da fé. Terceiro, porque, como afirma Ellacuría, "há e pode haver uma eficácia autônoma da Igreja na configuração do social"[16] e, indiretamente, do político. A atuação de Dom Oscar Romero em El Salvador, as CEBs, Pastorais e Organismos Sociais da Igreja Católica no Brasil, entre outros, são sinais dessa possibilidade. Só um reducionismo simplista da complexidade do dinamismo social e político e uma "desconfiança na eficácia histórica da fé"[17] pode levar a uma absolutização das organizações sociais como único lugar eficaz de transformação das estruturas e realização da justiça social.

6. O caráter estritamente político da fé deve efetivar-se respeitando a legítima autonomia do político e suas mediações e em meio ao conflito de interesses e das forças políticas da sociedade. Por um lado, a formulação e a viabilização de projetos políticos concretos têm sua dinâmica e seu espaço próprios (partidos, conselhos, plebiscitos etc.), que não podem ser confundidos com a dinâmica e o espaço da comunidade eclesial. Por outro lado, o que interessa à fé cristã nesses projetos políticos concretos é o que têm de possibilidade real de efetivação e mediação da justiça (graça) ou da injustiça (pecado). Venha de quem

---

[16] ELLACURÍA, Teología de la liberación frente al cambio socio-histórico en América Latina, p. 329.

[17] Ibid., p. 330.

venha. Pouco importa o vínculo religioso de seus mediadores (ateus, agnósticos, crentes) e o adjetivo cristão de suas mediações (partido cristão, tendência cristã etc.). Importa o que real e efetivamente medeiam de justiça ou injustiça.

7. Por fim, há um aspecto determinante e decisivo em *todo* processo de mediação da dimensão política da fé e do caráter teologal da política que já foi indicado no primeiro ponto, mas que convém retomar e reforçar. Ele se dá *sempre* a partir e na perspectiva dos pobres e dos oprimidos. Eles são a balança de qualquer dinamismo, processo ou estrutura social e política e o critério de qualquer aliança ou oposição social e política. Na perspectiva da fé cristã, uma luta ou movimento social/político, uma organização social/política, um costume, uma lei, um governo etc. tem nos pobres e oprimidos sua prova de fogo, sua medida ética e escatológica. Os pobres e oprimidos são "os juízes da vida democrática de uma nação"[18] e, mais radicalmente, da afirmação ou negação objetiva de Deus na vida social e política (Mt 20,1-16; 25,31-46).

Conclusão

Na perspectiva da fé cristã, importa manter, de modo consequente, teórica e praticamente, tanto a *unidade estrutural* "fé-política" quanto a *autonomia relativa* da fé e da política: a fé tem uma dimensão política sem se identificar com ou se reduzir a ela e a política, em sua relativa autonomia, tem um caráter teologal radical.

---

[18] CNBB. *Exigências éticas da ordem democrática*. São Paulo: Paulinas, 1989. n. 72. (Coleção Documentos da CNBB, n. 42.)

O grande desafio consiste na *mediação* dessa dimensão política da fé e desse caráter teologal da política. Ela é o lugar da criatividade e do risco. Dela depende a eficácia política da fé e a eficácia teologal do político. Daí que não se possa abdicar do propriamente político ou estrutural da fé, refugiando-se no individual ou no coração, nem do estritamente teologal da política, como se ela fosse uma realidade socialmente neutra e teologalmente indiferente.

À Igreja compete fazer tudo o que puder para efetivar a dimensão política da fé e o caráter teologal da política, de modo que o dinamismo de vida suscitado por Jesus e seu Espírito (1Cor 4,20) possa ir se objetivando nas estruturas da sociedade e sendo por elas mediado, e o Reinado de Deus vá se tornando cada vez mais realidade.

Capítulo VII

"TUDO TEM JEITO. SÓ NÃO TEM JEITO PARA A MORTE." A ESPERANÇA QUE VEM DAS RUAS E DOS LIXÕES[1]

"Tudo tem jeito. Só não tem jeito para a morte!" Com essas palavras, Rosângela, ex-moradora de rua em Belo Horizonte, concluía uma partilha de sua "experiência" na/da rua: as dificuldades, as coisas boas, as conquistas, a luta... Mais do que teoria, utopismo, idealismo, discurso burguês..., elas são expressão de algo real, de uma vida concreta, por isso portadoras de uma autoridade toda especial. Com essas mesmas palavras queremos iniciar nossa reflexão sobre a *real* esperança que vem das ruas e dos lixões e sobre seu poder recriador e transformador das pessoas e da sociedade. Elas permitem falar de esperança com autoridade porque vêm de alguém que em matéria de esperança fala com autoridade!

Depois de muitos conflitos familiares, Rosângela foi "parar" na rua, tendo de deixar seu filho de três anos com os avós. Foi um tempo muito difícil. Ela não conhecia ninguém. Tinha de catar latinha para poder pelo menos

---

[1] Este texto foi escrito em 1996 para uma publicação da Pastoral do Povo da Rua do Brasil e publicado, posteriormente, na revista *Convergência* 419 (2009) 171-184.

comer. Aos poucos, foi conhecendo outros companheiros e companheiras de rua e fazendo amizade. Conseguiu comprar um barraco no viaduto Francisco Sales. Teve aí uma filha. Conheceu a Pastoral do Povo da Rua e começou a participar das organizações do povo da rua. Conseguiu uma vaga na oficina de encadernação da associação de catadores. Depois trabalhou no reciclo, na triagem e na marcenaria. Envolveu-se na luta pela moradia e já não mora mais na rua. Deu passos muito importantes na vida. Comparando sua vida hoje com os tempos da rua, diz: "Minha vida hoje tá caminhando para um mar de rosas... Tá quase lá".

Claro que isso não acontece com todo mundo que vive na rua. As histórias, as circunstâncias, os processos são muito diferenciados, e as conquistas também. Além do mais, os vaivéns, os avanços e retrocessos são uma constante na vida do povo da rua. Por isso não se trata de tomar um (ou alguns) exemplo(s) e generalizar. Trata-se, sim, de 1) constatar – a partir de pessoas concretas, de grupos concretos – que, mesmo no limite da vida, o ser humano não se rende completamente e de 2) potencializar e capacitar essa resistência e luta primárias/fundamentais em vista de processos mais sólidos e consequentes de conquista de direitos e reafirmação da dignidade negada, pisada, ferida.

A vida no limite

A vida nas ruas e nos lixões constitui uma das expressões-limite da existência humana em nosso mundo, ao mesmo tempo que é expressão privilegiada do processo de exclusão social em curso. Aí, deparamo-nos com pessoas concretas, com histórias reais, cujos sofrimentos e necessidades parecem ultrapassar todos os limites de humanidade e de suportabilidade. Mas não estão aí nem vivem assim por acaso. Sua situação-limite não é fruto do acaso, do destino, muito menos vontade de Deus. Também não é, sem mais, fruto de irresponsabilidade individual ou de preguiça – mesmo que isso não esteja sempre ausente. É, em última instância, fruto de um modelo de desenvolvimento econômico concentrador de riquezas que exclui e descarta uma quantidade cada vez maior de pessoas. Certamente existem outros fatores e problemas que envolvem essa forma-limite de sobrevivência, como conflitos familiares, droga, alcoolismo, problemas psíquicos, segregação social... Mas além de não estarem desvinculados do problema econômico, não são o problema principal da maioria das pessoas que vivem nas ruas e nos lixões. Em muitos casos (muitos mesmo!) são já consequências da rua – expressão de desespero, estratégia de sobrevivência...

Mais do que discutir o processo de exclusão social em curso, interessa-nos, aqui, relatar/descrever um pouco a situação-limite de exclusão vivida por essas pessoas. Para isso, nada melhor do que ouvirmos o relato de alguns catadores, moradores e ex-moradores de rua, viadutos, ocupações, lixões... Ninguém melhor e mais autorizado do que eles para narrar o que eles viveram/vivem, sofreram/sofrem:

- "Eu tenho 23 anos e a minha esposa tem 25 anos. Ela estava grávida quando a gente estava na casa de minha mãe. Já tínhamos o Guilherme. Desempregado, sem renda nenhuma... Imagine como fica a cabeça [...]. Aí tinha hora que... Eu já sou meio estourado. Aí tinha hora que dava uma pipocada" (Fernando Santos Rolim, Belo Horizonte-MG).

- "Eu tenho muita experiência de vida porque eu já sofri muito [...]. Eu morava na roça, mas estava passando fome. Aí vim embora para cá (Belo Horizonte), vim morar debaixo da ponte [...]. Eu vim de cabeça erguida, vim para encarar tudo. Tudo ou nada. No viaduto, pelo menos meus filhos não passavam fome. Mas a gente é muito discriminado [...]. Para quem nunca viveu essa vida... cair nessa situação foi muito difícil... foi muito difícil. Eu não esperava cair nessa situação, mas caí" (Antônia Cosme dos Santos, 47 anos, Valadares-MG).

- "O mais difícil no viaduto era a época da chuva. A época da chuva era a pior. Chovia e entrava água nos barracos. Uma vez perdemos tudo: mantimento, roupa, tudo, tudo, tudo. Perdeu tudo. Tudo ficou ensopado. Não tinha lugar nem para sentar para passar a noite. Foi horrível" (Rosângela Costa Ferreira, 30 anos, Sete Lagoas-MG).

- "Quando nós viemos do Morro Pilar (MG) meu pai estava doente e nós não tínhamos condição de pagar aluguel porque com papel não dá para pagar aluguel. Nós fomos obrigados a fazer um barraquinho debaixo do viaduto [...]. Para ganhar dinheiro, a gente ganhava a rua catando papel [...] Eu cato papel desde os 7 anos de idade" (Dalva Ribeiro da Silva, 63 anos).

- "Eu aluguei um barraco [...] só para eu ter um endereço para fichar nas empresas [...]. Eu trabalhava na Ecobloco [...], mas eu dormia no zoológico. Eu deitava ali, ficava debaixo das árvores. Quando era 5:30 da manhã, eu ia para o trabalho [...]. O encarregado de lá dizia: 'O senhor é o primeiro que chega aqui, às 5:30 já tá de pé. Os outros só chegam atrasados. Você é bom de serviço'. Mas ele não sabia onde eu morava [...]. Na rua você tinha que dormir com o olho aberto. Vinha um, dava uma paulada e saía correndo, puxava a coberta... Na maloca sempre tinha a tentação de um querer ser mais bravo que o outro" (Edvaldo – Índio, 55 anos).

- "Morar na rua é doloroso. Sofrimento, dependência da comida, da sopa. Dormia na rua. Morava na marquise das Lojas Marisa. Ali era das oito da noite até a madrugada as entidades dando comida e roupa. A gente sabe que lá tem de tudo e se acostuma. A pessoa vai ficando, relacionando-se com pessoas que têm problemas com álcool, drogas, prostituição. A gente acaba pegando papelão do outro, brigando. Parecia que só tinha esse caminho. Nessa época só vivia na revolta, na dependência. Sentia-me discriminado. Estava sem documento, sem nada e viciado. A opção foi traficar. Cheguei nesse ponto. Não encontrava saída. Tudo se fechava" (Rogério Guimarães, 34 anos, São Paulo-SP).

- "Antes eu trabalhava no meio do lixão, convivendo no meio da sujeira. Costumava achar pedaços de gente morta, animais mortos, urubus, mosquitos, muita fumaça... Enfim, vários sujeitos causando doenças. A gente sentia muita dor de cabeça e irritação nos olhos. A gente tinha um semblante morto" (Valmir Nogueira da Silva, 47 anos, Nova Lima-MG).

- "A saúde mental da pessoa que está na rua é muito exposta. Sem moradia, a pessoa que precisa de um tratamento mental fica sem apoio, muito exposta. Até conseguir uma ajuda ela já passou muito transtorno" (Lourival Alves da Silva, 43 anos, Belo Horizonte-BH).

- "A gente não tinha sossego. Tinha que vigiar todo material, o papel que a gente catava, para o pessoal da prefeitura não tomar da gente. O catador de papel não tinha valor. O pessoal da prefeitura, da Secretaria de Limpeza Urbana, chegava com caminhão e ia derrubando tudo. Levava tudo o que a gente tinha, até nossos documentos e dinheiro. Uma vez, a gente morava no Calafate, de repente chegaram as tropas, invadiram nosso espaço, tomaram nosso material dizendo que era lixo" (Ingrid, Belo Horizonte-MG).

- "A gente vivendo misturado com o lixo acaba pensando que a gente é lixo mesmo" (Geralda, 56 anos, Belo Horizonte-MG).

- "As pessoas passavam por nós na rua e viam a gente todo sujo, todo sujismundo, misturado com o lixo, e ficavam com nojo da gente. Por isso passavam perto de nós e cuspiam" (Valdecir, Belo Horizonte-MG).

Retalhos de histórias, rosário de dores, ladainha de lamentações... expressões de vidas vividas no limite de todas as possibilidades. Mas apesar de tudo...

Esperança contra toda esperança

Elisângela vive há quase quinze anos na rua. Nascida numa família muito pobre, viveu na Febem até os 14 anos. Aproveitou uma visita à família para escapar da Febem e, por causa de conflitos familiares, foi parar na rua. Aos 17 anos, teve seu primeiro filho, em Belo Horizonte. Quase nasceu em plena praça pública. Do hospital foi para a casa da sogra. Mas como tinha de viver lá no galinheiro, quatro dias depois voltou para a rua com o bebê. Operada! Chegou a comer restos de alimentos encontrados no lixo para não faltar o leite da criança. Depois de três meses não tinha mais leite para amamentar o filho e teve de acostumá-lo a comer mingau de fubá, porque era mais barato. Mas tinha uma coisa, diz ela: "Quanto mais pobre, mais caridoso. Sempre tinha um que dava comida para o outro e não deixava o *próximo* que estava *próximo da gente* com fome ou com sede". Não obstante todos os sofrimentos vividos e apesar de continuar sem moradia e desempregada, nunca perdeu a esperança e nunca parou de lutar:

> Eu tenho 29 anos de luta. Porque eu venho lutando desde o ventre de minha mãe. Lutando para sobreviver – porque ela queria me abortar. Então eu lutava ali dentro para sobreviver. Nasci, venci a morte porque, disse o médico, não tinha mais condição. Mas Deus foi maior! A minha força, a minha alma de luta e de guerreira veio antes de eu nascer. Eu não posso achar que só porque eu quase morri fui derrotada. Foi uma vitória! Eu comecei a lutar. Eu sobrevivi e cresci e até hoje continuo lutando. Mas se você acha que eu vou vencer se eu conseguir minha casa, terminar meus estudos... lógico que não. Porque enquanto eu não tirar pelo menos umas mil pessoas lá de baixo eu não venci ainda. Eu só vou vencer no dia em que eu parar de respirar. Aí vai ser o dia em que eu venci porque eu lutei o suficiente!

Apesar de tudo o que se vive nas ruas e nos lixões – apesar de tudo mesmo! – há vida, há esperança... nas ruas e nos lixões! Ainda que vida e esperança no limite. Como se costuma dizer: "Enquanto há vida, há esperança". "A esperança é a última que morre. E se morrer, ressuscita" – insiste profeticamente o Bispo Casaldáliga.

Nem mesmo a rua e os lixões, com toda a sua crueldade, conseguem destruir completamente o sonho, a esperança, a força vital (quase instintiva), o sorriso, a solidariedade, a capacidade de amar... que nos faz humanos. A vida humana, mesmo no limite, é sempre mais. Mesmo misturada com lixo, não perde completamente sua dignidade, não vira lixo, sem mais. Pode sentir-se e ser tratada como lixo. Mas permanece, em todo caso, lixo humano! Pouco mais que lixo, pode ser. Em todo caso, mais que lixo. Nunca entrega completamente os pontos, nunca se rende totalmente. Ninguém se identifica, sem mais, com as necessidades e os sofrimentos vividos. Há sempre uma "reserva", um "excesso", um "mais" de força vital, de sentido, de esperança, de sonho que mobiliza e dinamiza a luta pela sobrevivência, ainda que pelos caminhos da violência, do álcool, da droga, do roubo... Às vezes, o único caminho que resta, ou, pelo menos, o que parece mais próximo, mais percorrível.

Não deixa de ser desconcertante ouvir de pessoas que vivem ou viveram nessa situação-limite afirmações como: "Eu tenho muito sonho porque quem não sonha não vive" (Fernando). "Eu não tenho mais esperança de nada, só mesmo sossego, saúde..." (Índio). "Você tem que continuar porque se você desanimar você vai perder [...]. A gente tem que lutar porque se a gente não lutar não vai ter o que a gente quer [...]. Você tem que correr atrás. Quero correr atrás dos meus objetivos – estou forte ainda" (Tatiana). "Eu sonho em estar em minha casa, conseguir um serviço, ter as minhas coisinhas tudo direitinho, dar uma vida melhor a meus filhos" (Fátima). "Meu desejo é ver meus filhos mocinhos para que eu possa morrer em paz. Desejo tudo de bom para eles, um emprego para eles se virarem na vida" (Luciana). "Melhor continuar lutando para conseguir o terreno [...] Eu tenho essa esperança e luto para isso. Firme, sem desistir" (Laércio). "Eu acho que a gente nunca pode baixar a cabeça. Tem que olhar para a frente e batalhar para conseguir o que a gente sonha, o que a gente quer – sem ter medo do que está esperando na frente" (Rosângela).

São expressões da força vital, do sonho, da esperança que nos faz humanos, capazes de refazer, recriar a vida – ainda que no limite. Enfim, são expressões de nossa participação no mistério criador e salvador do Deus da vida. Afinal, se "nele vivemos, nos movemos e existimos", se "somos a sua linhagem" (At 17,28s), somos participantes e portadores de seu dinamismo vital criador e recriador. Ou como se canta nas igrejas: "Deus criou o infinito pra vida ser sempre mais". Por isso há sempre um *poço* no "deserto", uma *reserva de água* no "fundo do poço", uma *brecha* no "fim do túnel", uma *estrela* na "escuridão da noite", uma *companhia* nas "madrugadas frias" – ainda que ausente... – uma *possibilidade*, uma *saída*... Por mais discretos, escondidos, sufocados, limitados, impotentes... que sejam!

Catando, reciclando, recriando a vida

E é essa força vital, esse sonho, essa esperança... que sustentam, revigoram e dinamizam o movimento de resistência e de luta pela sobrevivência nas ruas e nos lixões. Trata-se de um movimento complexo, que vai das formas mais "primitivas" de autodefesa e subsistência, das tentativas mais diversas e ambíguas de aliviar o sofrimento até a formação de comunidades e a construção de processos mais avançados de organização política e conquista de direitos. É claro que apenas uma pequena quantidade de catadores e moradores de rua chega ao nível de organização e luta políticas mais consistentes. Mas todos, de uma forma ou de outra, em um nível ou em outro, participam desse movimento vital de luta pela sobrevivência. Importa percebê-lo em seu dinamismo e em sua complexidade para que se possa potenciá-lo e capacitá-lo, levando em conta os processos e as situações concretas das diversas pessoas que vivem nas ruas e nos lixões: uns vão até aqui, outros vão até ali; uns vão por aqui, outros vão por ali... Mas todos estão em movimento – na luta pela sobrevivência. "Catando" o que resta de vida e para a vida. Reciclando o que parece "sem jeito", sem valor. Recriando a vida quase do nada...

Trata-se, certamente, de um processo histórico e, portanto, limitado e condicionado pelas reais possibilidades de ação do povo da rua e de seus parceiros. Existe uma distância muito grande entre os sonhos e as reais possibilidades de ação. Mas existe sempre uma margem de liberdade, de possibilidades – por menor que seja. E uma margem que pode ser alargada. Além do mais, as possibilidades reais de ação dos catadores e moradores de rua são muito diversas. Entre dependentes de drogas e não dependentes, entre portadores de necessidades especiais e não portadores de necessidades especiais, entre idosos e jovens, entre pessoas isoladas e pessoas ligadas a um grupo, entre grupos mais espontâneos e circunstanciais (amigos, jogo, cachaça) e grupos mais sistemáticos (movimento por moradia, cooperativas de material reciclável), por exemplo, existem possibilidades muito diferenciadas de ação.

É preciso reconhecer tanto os *reais limites* (estruturais e pessoais) quanto as *reais possibilidades* (estruturais e pessoais) de ação para não criar falsas expectativas e não transformar a esperança e o sonho em ilusão. É preciso sonhar, mas sempre com os pés no chão. A esperança e o sonho que não têm raízes profundas na terra não resistem à dureza do "deserto". Não se trata de determinismo, mas de realismo. Determinismo significa que não se pode mudar. Nem adianta tentar. É assim e vai continuar sempre assim. Realismo significa reconhecer os reais limites e as reais possibilidades de ação e investir em processos que sejam minimamente viáveis, realizáveis. Existem possibilidades reais de ação e de mudança. Mas são possibilidades limitadas. Não se pode fazer tudo o que se quer. Querer não é, sem mais, poder. O querer tem de ser mediado por possibilidades reais. Que são sempre limitadas.

Por isso mesmo parece-nos importante identificar as mais diversas formas e os mais diversos níveis de luta pela sobrevivência nas ruas e nos lixões. Desde os níveis e formas mais elementares aos mais complexos. Desde os mais visíveis e apreciáveis aos mais medíocres. Perceber o pulsar da vida nas ruas e nos lixões, seus dinamismos de autodefesa e autoconservação, os reais limites e as reais possibilidades do povo da rua, é fundamental para fazer desabrochar uma luta mais consistente e eficaz de defesa da vida e afirmação de direitos na rua e nos lixões.

1. Sem dúvida alguma, a forma mais básica e elementar de luta pela vida na rua e nos lixões é a busca e garantia de comida, água e repouso, e a autodefesa física. São os direitos mais básicos e fundamentais. Estão na base de todos os outros direitos. Afinal, ninguém vive sem comida, água, sono, e o mínimo de integridade físi-

ca. Nesse nível mais básico e mais fundamental de luta pela vida todos participam – de uma forma ou de outra: pede-se, procuram-se os pontos de distribuição, rouba-se, cata-se no lixo, encontra-se um serviço, dá-se um cochilo, procura-se uma marquise, um albergue, uma torneira na praça, um canal, um poço; defende-se com grito, com um pedaço de pau, com pedra, garrafa, faca... A princípio isso pode parecer muito banal, animalesco e nada revolucionário. Para as pessoas às quais esses direitos são negados, entretanto, é questão de vida e de morte. É luta de cada dia.

2. Mas na rua existem outras fomes, outras carências: de companhia, de afeto, de paz, de sossego, de sentido, de perspectiva, de autoestima... Até mais difíceis de serem saciadas. Afinal, de um jeito ou de outro, mais ou menos, normalmente se come e se bebe na rua todos os dias. Mas companhia, afeto, paz... não se tem todos os dias. Às vezes, quando o coração, os olhos, a consciência... apertam, não resta outra saída senão apelar para o álcool e a droga. Busca-se uma saída, mesmo que equivocada. Fernando, que foi usuário de droga, reconhece:

> O erro e o engano do ser humano é achar que a droga e a bebida vão trazer alívio. Não trazem alívio. Fazem você esquecer por algumas horas. Quando você tá alucinado, você esquece. Acabou a alucinação, a realidade te dá um soco de Mike Tyson na testa e aí você fica perdido. É enlouquecedor.

Em todo caso, há, aqui, ainda que de modo equivocado, uma tentativa de saciar a fome de sentido, de afeto, de autoestima... Há aqui uma busca de caminho, um enfrentamento do problema. E é essa busca, essa tentativa que queremos destacar.

3. Outras pessoas, ou as mesmas em circunstâncias diversas, buscam construir vínculos afetivos de vizinhança (viadutos, ocupações, marquises...) e com a vizinhança (do viaduto, da ocupação, do ponto de distribuição...), de trabalho (lavagem de carro, catação, lixão...), de autodefesa (entre grupos rivais, dormida na rua...), de comes e bebes, de namoro e mesmo de constituição de família. São vínculos frágeis, é verdade, mas fundamentais. E tanto para garantia dos bens elementares de subsistência e da autodefesa quanto para a superação do isolamento, da solidão, da tristeza, da autoestima... Aí se experimentam no nível mais básico e elementar a partilha (da comida, da roupa, da cachaça, do cigarro...), a solidariedade (na doença, na defesa, na busca de trabalho, na descoberta dos pontos de doação...), o afeto (companhia, escuta, abraço, beijo, transa...), a festa (do fim de semana, do aniversário), o consolo (na separação, na morte, nas notícias da família)... São experiências contraditórias, às vezes muito passageiras, mas experiências vitais. Experiências que expressam o movimento e o dinamismo de uma vida que não se rende, que não se entrega. De uma vida que quer mais e que busca convivência, afeto, prazer, alegria, sentido...

4. A existência de alguns projetos sociais por parte de governos municipais (albergues, centros de referência, repúblicas...) e a presença de grupos religiosos na rua e nos lixões, especialmente a Pastoral do Povo da Rua e a Cáritas, têm criado a possibilidade de grupos de catadores e moradores de rua se encontrarem, discutirem seus problemas, partilharem suas histórias, rezarem, construírem propostas... São espaços que superam os vínculos mais informais, unificam, criam grupos... e,

não raras vezes, desembocam em organizações mais sólidas de luta pela moradia e por condições mais dignas de trabalho. Alguns grupos se organizam em torno da moradia, procurando melhorar os espaços em que vivem (limpeza, construção de banheiro, jardim...), ocupando e lutando pela permanência em viadutos, prédios e casarões desocupados, apoiando outros grupos por ocasião de despejos... Outros grupos se organizam em função do trabalho, sobretudo através de cooperativas de catadores de material reciclável. Através das cooperativas procuram melhorar as condições de trabalho, adquirir um preço melhor na venda do produto, intervir politicamente na definição das políticas de resíduos sólidos e apoiar a luta mais ampla do povo da rua. Neste sentido foi constituído o Movimento Nacional de Catadores, o qual realizou alguns congressos latino-americanos de catadores.

Dentro desse processo mais amplo e complexo, os passos e as conquistas são, como dissemos anteriormente, muito diferenciados: alguns crescem na autoestima, outros não; alguns superam a dependência da droga, outros não; alguns melhoram o ambiente em que vivem (higiene, banheiro, jardim...), outros não; alguns adquirem moradia ou conseguem alugar um barraco, outros não; alguns conseguem trabalho mais ou menos estável; alguns se fortalecem em cooperativas e associações de catadores, outros continuam trabalhando para atravessadores; alguns constroem uma família; alguns refazem os laços familiares rompidos; alguns despontam como liderança no movimento de catadores e moradores de rua; alguns permanecem nas organizações da rua, outros se afastam; alguns voltam a estudar; alguns fazem cursos profissionalizantes; alguns deixam a rua, outros permanecem na rua; alguns avançam e recuam, outros morrem... Mas é nele que a vida vai sendo reafirmada e recriada.

Importa perceber esse movimento em sua totalidade e complexidade, identificar a diversidade de sujeitos nele envolvidos (com seus limites e possibilidades), a diversidade de formas e de níveis de resistência e de luta para, assim, potencializar, fortalecer, ampliar e consolidar a luta nas ruas e nos lixões.

A esperança que vem das ruas e dos lixões

É dentro desse movimento complexo e ambíguo de resistência e luta pela vida que a esperança finca raízes nas ruas e nos lixões e vai dinamizando *aí* e *a partir daí* a luta maior pela transformação da sociedade e afirmação do direito de viver, e viver com dignidade:

- Como *esperança militante* – sempre em movimento. Nasce do movimento vital de autoconservação, autodefesa e humanização da vida e está a serviço desse mesmo movimento – como princípio dinamizador e recriador da vida.

- Como *esperança autorizada* – nutrida e regada com sangue. Esperança provada no crisol da existência humana e, portanto, esperança crível!

- Como *esperança profética* – ainda que no silêncio. Esperança que acalenta sonhos e revigora forças. Esperança que grita de dor, denunciando a injustiça e o sofrimento impostos.

- Como *esperança realista* – fincada no chão das reais possibilidades. Nem resignada, nem ilusória. Esperança que sonha com os pés no chão: nem se rende às circunstâncias, nem se aliena no mundo do irreal. Impotente, mas sempre em combate.

- Como *esperança de muitos* – esperança dos pobres da terra e seus aliados. Esperança de condições dignas de vida para todos. Esperança de um novo modelo de desenvolvimento econômico-social. Esperança de outro mundo possível, urgente e necessário.

- Como *esperança teologal* – participante do mistério criador e salvador do Deus da vida. Sempre recriando a vida, às vezes quase do nada; sempre rompendo grades e correntes; sempre reunindo, juntando; sempre no trecho, sempre a caminho.

SUMÁRIO

Introdução 9

I. A dimensão social da fé 15
  A dimensão social da vida humana 15
  A dimensão social da fé cristã 19
  A Pastoral Social 25

II. Teologia e política 29
  Considerações prévias 29
  Questão práxica antes que teórica 34
  Relação teologia e política 53
  A modo de conclusão 65

III. Práxis cristã em tempos de globalização 67
  Uma sociedade global ou mundial 68
  Práxis cristã numa sociedade global 85
  Conclusão 100

IV. Paz: fruto da justiça.
  O testemunho da Igreja de El Salvador 103
  Uma história de dominação e luta por libertação 106
  A Igreja e a construção da paz em
  uma sociedade violenta 117

A modo de conclusão: crer na paz,
trabalhar pela justiça..139

V. "A HUMANIDADE/CRIAÇÃO GEME COM DORES DE PARTO."
DIMENSÃO SOCIOAMBIENTAL DO REINADO DE DEUS...............143
Caráter intrinsecamente social dos
problemas ambientais..145
Dimensão socioambiental do Reinado de Deus..............157
Conclusão..170

VI. FÉ-POLÍTICA:
UMA ABORDAGEM TEOLÓGICA..173
Modo de tratamento da problemática
"fé-política"..174
Dimensão política da fé..177
Caráter teologal da política..185
Mediação da dimensão política da fé e do
caráter teologal da política..189
Conclusão..194

VII. "TUDO TEM JEITO. SÓ NÃO TEM JEITO PARA A MORTE."
A ESPERANÇA QUE VEM DAS RUAS E DOS LIXÕES...................197
A vida no limite...198
Esperança contra toda esperança......................................202
Catando, reciclando, recriando a vida.............................205
A esperança que vem das ruas e dos lixões.....................211

Impresso na gráfica da
Pia Sociedade Filhas de São Paulo
Via Raposo Tavares, km 19,145
05577-300 - São Paulo, SP - Brasil - 2011